Compact
コンパクト版 保育者養成シリーズ

谷田貝公昭・石橋哲成 [監修]
谷田貝公昭・大沢 裕 [編著]

新版 保育実習

一藝社

監修のことば

　本「保育者養成シリーズ」(全21巻) は、厚生労働省から出ている「教科目の教授内容」(「指定保育士養成施設の教授担当者が教授に当たる際の参考とすること」) に準拠したものである。

　2012年から刊行を開始し、2015年に全巻の完成をみた。おかげさまで、全国の保育士養成の大学・短期大学・専門学校等でテキストとして使われ好評をいただいてきた。

　ところが、2017 (平成29) 年に、「幼稚園教育要領」「保育所保育指針」「幼保連携型認定こども園教育・保育要領」の改訂 (改定) がそろって告示され、2018年4月より施行されることとなった。

　そこで、各巻の編者と著者に、先の3法令と不具合がないかどうか、検討作業をお願いした。不具合のあるものについては、書き改めてもらった。

　よく「教育は結局人にある」といわれる。この場合の人とは、教育を受ける人 (教育者) を指すのではなく、教育をする人 (教育者) を意味している。すなわち、教育者のいかんによって、その効果が左右されるという主旨である。そこで、教育を保育に置き換えると、「保育は結局人にある」となり、十分通用するといえる。

　保育学とか教育学とかは、ある意味において、保育者論、教師論であったといってよい。それは、保育・教育を論ずるとき、どうしても保育・教育を行う人、すなわち保育者・教師を論じないわけにはいかないからである。

今も昔も、保育の成否が保育者の良否にかかっていたといってよい。昔と比べて、保育制度が充実し、施設設備が整備され、優れた教材・教具が開発された今日においても、保育者の重要性に変わりはない。なぜなら、いかに優れたものであっても、保育者の取り扱い方いかんによっては、無益どころか、誤らせることも起こり得るからである。

　保育者の仕事は、本質的な意味においては、小学校以上の学校の教師と異なるものではない。しかし、対象である被教育者の発達的特質、すなわち、未成熟であるということと、それに伴う発達の可能性が大であるということからくる点に特徴がある。したがって、保育の方法や保育の内容などでも、小学校以上のそれとはかなり異なったものがあるのである。

　したがって、保育者は、乳幼児期の発達上の諸課題とそれを実現させるための諸条件、そして、その働きかけの方法を認識していなければならない。そうした面で、本シリーズを役立てていただければ幸いである。

　2018年2月吉日

監修者　谷田貝公昭
石橋 哲成

まえがき

　幼い子どもたちの澄みきった眼、そして単純・無邪気で打算のない言動に触れると、誰しも心が洗われるような気持ちを持つ。大人社会の表と裏、少しでも気を許すと騙され裏切られるかもしれないという緊張感・孤独感にさいなまれ、悩み苦しんでいる人であればあるほど、子どもの姿をみると、気持ちが休まってくる。熾烈とも言える現代社会にあって、私たちは、誰しもが童心に憧れ、それを懐かしむ存在なのである。

　現場の保育者の先生たちに、どうして保育者になりたかったのか、その動機をたずねてみても、結果は似たものである。そうした幼い子どもがかわいくて好きだから、子どもたちの純粋さにいやされる、といった答えが当たり前のように返ってくる。

　しかし職業人として保育者になるためには、単にこうした漠然とした気持ちだけではなく、その気持ちを強く後押しする機会が、必要不可欠である。実は、この後押しの強い動因となりうるのが、保育現場での実習である。この意味で、保育現場での実習というのは、保育者養成課程の科目の中でも、誠に意義が大きい中心的な科目だと言えよう。

　当然、保育現場でかけがえのない素晴らしい体験をした人々は、保育者になることを強く望むようになる。逆に、保育現場での実践体験が非常に苦々しいものであれば、そうした体験をした人々は二度と保育現場に入るまいと固く誓うかもしれない。そして、この後者の体験をした人たちに共通することがある。それは広い意味で、実習の事前の準備・心構えができていないまま現場に入り込んでしまった、ということである。

　このように、もしかりに、本来はできたはずの望ましい体験がかなえられなかったとすれば、それによって生み出される不幸、負の連鎖の影響は計り知れない。私たちは、保育者になろうと志している人たちが保育現場において最良・最善の体験をすることを、切に望んでいる。

現在、保育現場には、待機児童問題、長時間保育など、多くの喫緊の課題が山積している。同時に、保育者不足も深刻化している。保育者不足の問題は複雑であるが、それは単に労働条件・労働環境の改善だけで解消されるものではないだろう。本当の意味で、保育現場で最高の体験をしたならば、保育者のなり手がいないなどということは考えられない。

　本書は、保育実習の体験が最良なものとなるように、必要不可欠の事柄を要点化してまとめた、体系化された実習のテキストである。

　折しも保育所保育指針等の改定が行われたのみならず、厚生労働省主導で、保育士養成課程科目の内容の見直しがまさに提言されたばかりである。本書はこうした一連の出来事以前に企画されたのであるが、結果、こうした動向にぴったりと沿うものとなった。私たちは、本書の基本構想が間違っていなかったと安堵している。

　保育者養成の第一線で教鞭をとられている全国の先生方が、本書の企画に我先にと賛同し、執筆しようと名乗りを上げてくれた。先生方の保育者養成にかける情熱が、皆様に伝われば幸甚である。

　本書の刊行にあたり、一藝社の菊池公男社長は企画実現のために、卓越した指揮をとって下さった。また常務取締役の小野道子さんは、この企画の円滑な実現の補佐役を担ってくれた。一藝社の皆様は、一致団結して私たちを助けてくれた。中でも直接本書の編集に携わった藤井千津子さんは、限られた時間の中で、丁寧な仕事のために手間隙を厭わず、最善を尽くしてくれた。編者として、心から感謝の気持ちを表したい。

　私たちは、本書の刊行が保育界の未来を担う人々の、より良い体験のための手引きとなり、保育者養成に役に立つものとなれば、これに勝る幸せはないと願っている。

2018年2月吉日

編著者　谷田貝公昭
大沢　裕

もくじ

監修のことば　*2*
まえがき　*4*

第1章　保育実習とは―保育士となるために

第1節　保育士とは　*9*
第2節　保育士の職務　*11*
第3節　保育士の倫理　*13*
第4節　実習の意義と目的　*13*
第5節　保育実習と教育実習との関係　*15*

第2章　保育所実習の意義

第1節　保育所の機能と役割　*17*
第2節　保育所実習のねらい　*21*

第3章　さまざまな方針の保育所

第1節　保育理念・方針・目標の理解　*25*
第2節　さまざまな保育形態と保育内容　*26*
第3節　全体の計画と保育内容　*31*

第4章　保育所保育士の役割

第1節　保育所保育士の特質　*33*
第2節　保育士の役割の実際　*35*

第5章　保育所実習の内容

第1節　実習の段階と内容　*41*
第2節　保育実習におけるさまざまな学びと心構え　*46*

第6章　施設実習の意義

第1節　「実践場面における学習」としての実習の位置付け　49
第2節　実習の位置づけ　52
第3節　施設内外の実践場面を通しての専門性の理解　55

第7章　施設実習の場所－児童福祉施設の概要

第1節　児童福祉施設の種類と設置および運営　57
第2節　実習施設の概要　59

第8章　施設実習の内容

第1節　施設実習の目標および内容　65
第2節　施設実習の内容　67
第3節　実習課題の設定　70
第4節　実習における考察と反省　71

第9章　実習日誌・記録の意義とその実際

第1節　実習日誌の意義　73
第2節　実習日誌の内容とポイント　74
第3節　実習記録日誌の実際　78

第10章　指導案の作成

第1節　指導案を書こう　81
第2節　保育実習指導案例　85

第11章　実習に向けての準備

第1節　事前に確認しておくべきこと　89
第2節　実習に向けての身だしなみ、持ち物・服装の準備　90
第3節　実習のために準備する道具、備品など　92
第4節　保育への関わりと、部分・責任実習のカリキュラム準備　94

第12章　実習生の心構え・姿勢

第1節　保育実習ってどのようなものだろう？　*97*
第2節　忘れてはならない実習の心構えとは？　*98*
第3節　実習前に準備しておきたいこと　*101*
第4節　現場の先生をまねして見る　*103*
第5節　実習は成長の糧に　*103*

第13章　実習生として必要な知識、技術

第1節　実習生として必要な知識　*105*
第2節　実習生として必要な技術　*110*

第14章　保育実習で必要な子どもの理解

第1節　子ども（乳児・幼児）の理解　*113*
第2節　子どもの理解への広い視野　*118*

第15章　実習後の振り返りと学び直し

第1節　実習の評価をめぐって　*121*
第2節　実習後の勉学につなげること　*123*
第3節　保育者としてのスタート地点　*126*

付録（関連資料）　*129*

監修者・編著者紹介　*142*
執筆者紹介（五十音順）　*143*

第1章　保育実習とは
―保育士となるために

第1節　保育士とは

　2001年児童福祉法の一部を改正する法律が成立し、保育士資格の国家資格化が成立した。

　保育士とは、児童福祉法第18条の4において「この法律で、保育士とは、第18条の18第1項の登録を受け、保育士の名称を用いて、専門的知識及び技術をもって、児童の保育及び児童の保護者に対する保育に関する指導を行うことを業とする者をいう。」と定められている。この条文からも分かるように、保育士は「児童の保育」をするのはもちろんであるが、「児童の保護者に対する保育に関する指導」が重要な仕事であることが明確に定められたのである。

　保育士は、保育所のみならず児童福祉法に定められた乳児院、児童養護施設、知的障害児施設等さまざまな児童福祉施設が就労の場となっている。

　保育士資格の法定化に関する主な要項としては、次のようなものがある。
　　① 保育士の登録制
　　② 保育士の名称独占
　　③ 保育士の信用失墜禁止事項、守秘義務

保育士資格の取得方法としては、大別すると2つある。

　1つは、指定保育士養成施設の指定を受けた大学、短期大学、専門学校で所定の科目の単位を取得し卒業することである。取得すべき科目に

ついては、**図表1-1**を参照されたい。

　もう1つは、保育士試験を受験し、合格することである。試験科目は、**図表1-2**の通りである。社団法人全国保育士養成協議会が、保育士試験

図表1-1　履修すべき科目（児童福祉法施行規則より）

分類	科目名	単位数
保育の本質・目的に関する科目	保育原理	2単位（講義）
	教育原理	2単位（講義）
	児童家庭福祉	2単位（講義）
	社会福祉	2単位（講義）
	相談援助	1単位（演習）
	社会的擁護	2単位（講義）
	保育者論	2単位（講義）
保育の対象の理解に関する科目	保育の心理学Ⅰ	2単位（講義）
	保育の心理学Ⅱ	1単位（演習）
	子どもの保健Ⅰ	4単位（講義）
	子どもの保健Ⅱ	1単位（演習）
	子どもの食と栄養	2単位（演習）
	家庭支援論	2単位（講義）
保育の内容・方法に関する科目	保育課程論	2単位（講義）
	保育内容総論	1単位（演習）
	保育内容演習	5単位（演習）
	乳児保育	2単位（演習）
	障害児保育	2単位（演習）
	社会的養護内容	1単位（演習）
	保育相談支援	1単位（演習）
保育の表現技術	保育の表現技術	4単位（演習）
保育実習	保育実習Ⅰ	4単位（実習） 保育所実習2単位 施設実習2単位
	保育実習指導Ⅰ	2単位（演習）
	保育実習Ⅱ または、保育実習Ⅲ	2単位（実習） 保育所実習2単位または、施設実習2単位
	保育実習指導ⅡまたはⅢ	1単位（演習）
総合演習	保育実践演習	2単位（演習）

（筆者作成）

の実施に関するすべての事務を取り扱っている。

第2節 保育士の職務

　全国保育士会では、保育士の守るべき倫理を示した「全国保育士会倫理綱領」(**図表1-3参照**)を定めているが、その前文で保育士の仕事を3点にまとめている。

　「私たちは、子どもが現在（いま）を幸せに生活し、未来（あす）を生きる力を育てる保育の仕事に誇りと責任を持って、自らの人間性と専門性の向上に努め、一人ひとりの子どもを心から尊重し、次のことを行います。

　　私たちは、子どもの育ちを支えます。

　　私たちは、保護者の子育てを支えます。

　　私たちは、子どもと子育てにやさしい社会をつくります。」

　もう少し具体的に見てみよう。

　保育士は、保育だけをしていればよいわけではない。本来的な保育を担当するのは当然であるが、それ以外に間接的に保育に関係する事務その他の業務を担当しなければならないことが少なくない。そのためには、少しでもそれらの間接的な部分を能率化して、保育士本来の直接的な保育の職務を果たしうるよう全体としての職務分担を組織して、各園で最も適した運営の機構をつくることが肝要である。

図表1-2 保育士試験の科目

＜筆記試験科目＞

1	保育原理
2	教育原理及び社会的養護
3	児童家庭福祉
4	社会福祉
5	保育の心理学
6	子どもの保健
7	子どもの食と栄養
8	保育実習論

＜実技試験科目＞

1	音楽表現に関する技術
2	造形表現に関する技術
3	言語表現に関する技術

1 事務分掌

　事務分掌は、園長が園の方針を踏まえ、保育士の適材適所とし、負担

は特定の人に偏らない配慮をすることが大切である。なかでも小規模な保育所においては、保育士の人数も少なく、また経験者とて必ずしも事務的に熟達しているとは限らない。よって事務の能率化はどうしても必要になってくるのである。

2 クラス担任の職務

クラス担任は大変多忙な職務であるから、日頃から計画性を持ってやっていかないと雑務に追われ、保育に支障をきたしかねない。

クラス経営の計画は、園全体あるいは同一年齢クラスにおいては、共通事項を十分打ち合わせるなど、縦横の関係を十分討議した上で、さらに担任が自分の特色を盛り込むようにすべきである。

3 クラスに直接関係のある表簿の作成と管理

クラス担任が作成し、かつ管理しなければならない表簿としては、次のようなものがある。

　　・家庭調査票　・出席簿　・保育所児童保育要録　・保育日誌

などである。

4 安全・衛生管理

保育とは、保護・養育であるという考え方があることからも、まず施設・設備の安全性を考えることは当然といえる。そして、衛生上の問題はないか、感染症の予防対策はできているかどうかといったことへの配慮は重要である。

また、園の全教職員で協議し、危機状況が発生した際にとるべきマニュアルを作成し、いつでも適切な行動がとれるような体制をつくっておくことが大切である。地震や火災時の避難訓練をし、避難経路、避難バックの中身、救急箱の中身、注意事項等を確認しておくことが大切である。

近年、危機的状況の発生が多岐にわたってきているので、これまでマニュアルを作成していた園も見直す必要があろう。

第3節　保育士の倫理

　図表1-3は、全国保育士会倫理綱領である。この綱領は、2003年に社会福祉法人全国社会福祉協議会、全国保育協議会および全国保育士会が共同で策定したものである。専門職としての保育士の行為規範を自主的に定め、成文化したものである。保育士の仕事として、11頁にも紹介した前文と8つの行為規範が示されている。

第4節　実習の意義と目的

　保育実習は、将来保育所その他の児童福祉施設の保育になろうとする者が、保育の現場で実施に体験することである。別言すれば、これまで学んできた保育に関するいろいろな基礎となる理論を実践に移してみることである。そうすることによって、現場において実際に乳児に接することを通して、はじめての正しい理解を持ち、生きた知識や技術を身につけることができるのである。とくに、現代の青年の中には、赤ちゃんを抱いたことはもちろん、触れたこともない者が少なくないという現状を踏まえると、保育実習の意義は大変大きな意味があるといえる。

　保育実習の目的については「指定保育士養成施設の指定及び運営の基準について」（平成25年8月8日　厚生労働省雇用均等・児童家庭局長通知）に、「保育実習は、その習得した教科全体の知識、技能を基礎とし、これらを総合的に実践する応用能力を養うため、児童に対する理解を通じて保育の理論と実践の関係について習熟させることを目的とする。」と

図表1-3　全国保育士会倫理綱領

　すべての子どもは、豊かな愛情のなかで心身ともに健やかに育てられ、自ら伸びていく無限の可能性を持っています。
　私たちは、子どもが現在（いま）を幸せに生活し、未来（あす）を生きる力を育てる保育の仕事に誇りと責任をもって、自らの人間性と専門性の向上に努め、一人ひとりの子どもを心から尊重し、次のことを行います。
　　私たちは、子どもの育ちを支えます。
　　私たちは、保護者の子育てを支えます。
　　私たちは、子どもと子育てにやさしい社会をつくります。

（子どもの最善の利益の尊重）
1. 私たちは一人ひとりの子どもの最善の利益を第一に考え、保育を通してその福祉を積極的に増進するよう努めます。

（子どもの発達保障）
2. 私たちは、養護と教育が一体となった保育を通して、一人ひとりの子どもが心身ともに健康、安全で情緒の安定した生活ができる環境を用意し、生きる喜びと力を育むことを基本として、その健やかな育ちを支えます。

（保護者との協力）
3. 私たちは、子どもと養護者のおかれた状況や意向を受けとめ、保護者とより良い協力関係を築きながら、子どもの育ちや子育てを支えます。

（プライバシーの保護）
4. 私たちは一人ひとりのプライバシーを保護するため、保育を通して知りえた個人の情報や秘密を守ります。

（チームワークと自己評価）
5. 私たちは、職場におけるチームワークや、関係する他の専門機関との連携を大切にします。
　また、自らの行う保育について、常に子どもの視点に立って自己評価を行い、保育の質の向上を図ります。

（利用者の代弁）
6. 私たちは、日々の保育や子育て支援の活動を通して子どものニーズを受けとめ、子どもの立場に立ってそれを代弁します。
　また、子育てをしているすべての保護者のニーズを受けとめ、それを代弁していくことも重要な役割と考え、行動します。

（地域の子育て支援）
7. 私たちは、地域の人々や関係機関とともに子育てを支援し、そのネットワークにより、地域で子どもを育てる環境づくりに努めます。

（専門職としての責務）
8. 私たちは、研修や自己研鑽を通して、常に自らの人間性と専門性の向上に努め、専門職としての責務を果たします。

　　　　　　　　　　　　　　　社会福祉法人　全国社会福祉協議会
　　　　　　　　　　　　　　　　　　　　　　全国保育協議会
　　　　　　　　　　　　　　　　　　　　　　全国保育士会

ある。

　履修の方法は保育実習Ⅰ（必修科目）4単位20日で、実習施設は、保育所および乳児院、母子生活支援施設、障害児入所施設、児童発達支援センター（児童発達支援および医療型児童発達支援を行うものに限る）、障害者支援施設、指定障害福祉サービス事業所（生活介護、自立訓練、就労移行支援または就労継続支援を行うものに限る）、児童養護施設、情緒障害児短期治療施設、児童自立支援施設、児童相談書一時保護施設又は独立行政法人国立重度知的障害者統合施設のぞみ園となっている。保育実習4単位の履修方法は、保育所における実習2単位及び先に挙げた保育所以外の施設における実習2単位とすると定められている。

　さらに保育実習Ⅱ（選択必修科目）2単位10日の保育所か、保育実習Ⅲ（選択必修科目）2単位10日（保育所以外の児童福祉施設または児童発達支援センターその他社会福祉関係諸法令の規定に基づき設置されている施設であって、保育実習を行う施設として適当と認められるもの）を選択することになっている。

　保育士試験の場合は、施設実習は実施せず、保育実習理論の筆記試験および保育実習実技の実施試験がある。

第5節　保育実習と教育実習との関係

　保育実習は、保育士の資格を取得するために根拠法律が児童福祉法に基づく児童福祉施設で実施し、教育実習は、教員の免許を取得するために根拠法律が学校教育法に基づく学校で実施する。そのため保育所を含めた社会福祉施設と幼稚園では、保育の対象年齢、保育時間等をはじめ、さまざまな違いがある。

　例えば、保育所と幼稚園とを比較すると、最大の相違は、根拠法律である。保育所の根拠法律は、児童福祉法であり、幼稚園のそれは学校教

育法である。そのため、この両者は、目的、所管、設置者、保育（教育）内容の基準、対象、保育（教育）時間、入所（園）の条件、入所（園）・対処（園）の時期、保育者の名称、給食、学級編成、保育者の資格、施設・設備の基準等がそれぞれ異なっている。

　保育所保育士の仕事と幼稚園教諭のそれとは本質的に異なるものではないとしても、実習する場合はどういう施設であるのかをしっかり理解して望むことが肝要である。

【引用・参考文献】

石垣恵美子監修、島田ミチコ編『幼稚園・保育所・施設実習ガイドブック〔改訂版〕』学術図書出版社、2008年

児童育成協会監修、近喰晴子・寅屋壽廣・松田純子編『保育実習』（基本保育シリーズ20）、中央法規、2016年

林邦雄・谷田貝公昭監修、高橋弥生・小野友紀編著『保育実習』（保育者養成シリーズ）、一藝社、2012年

待井和江・福岡貞子編『保育実習・教育実習〔第8版〕』（現代の保育学6）、ミネルヴァ書房、2016年

谷田貝公昭・石橋哲成監修、谷田貝公昭編著『保育者論』（コンパクト版保育者養成シリーズ）、一藝社、2016年

谷田貝公昭責任編集『新版　保育用語辞典』一藝社、2016年

　　　　　　　　　　　　　　　　　　　　　　　　　　（谷田貝公昭）

第2章 保育所実習の意義

第1節 保育所の機能と役割

1 保育所の社会的な意義

　このテキスト学んでいる読者のほとんどが、これまでに保育原理・保育者論・保育内容総論・子ども家庭福祉等の基礎的な科目を学んできているはずである。「実習」と聞くと、現場に出ることばかりに目が行きがちだが、そこに至る事前授業は実習をより充実させるための下支えとして重要となる。この章を通じて、既習の保育・福祉に関する基本的な知識や技術を総動員し、実習に向けた実践力へと結びつける努力をして欲しい。

　保育所の法的根拠は、児童福祉法第39条による。保育所は、さまざまな理由により家庭で保育できない子どもに対して保育を行う児童福祉施

> ＜児童福祉法第39条＞
> 　保育所は、保育を必要とする乳児・幼児を日々保護者の下から通わせて保育を行うことを目的とする施設（利用定員20人以上であるものに限り、幼保連携型認定こども園を除く）とする。
> 　2　保育所は、前項の規定にかかわらず、特に必要があるときは、保育を必要とするその他の児童を日々保護者の下から通わせて保育することができる。

設の1つであり、入所する子どもの最善の利益を確保し、その福祉を積極的に増進する生活の場であることが保育所保育指針（以後保育指針とする）に明示されている。

　保育所の運営に関する細かな規定は、児童福祉施設の設備および運営に関する基準によって定められており、保育所は常にその基準を遵守し、その水準の向上を図るよう努める必要がある。児童福祉施設の設備および運営に関する基準をよく理解しておくことが、保育実習に主体的に取り組むための基盤となる（**図表2-1**）。

図表2-1　児童福祉施設の設備及び運営に関する基準（一部抜粋）

〔職員配置基準〕	○保育士　○嘱託医 ●調理員（例外的に置かないことができる）	
〔保育職員配置数〕	0歳児　　　児童3人につき1人以上 1、2歳児　　児童6人につき1人以上 3歳児　　　児童20人につき1人以上 4、5歳児　　児童30人につき1人以上	
〔施設基準〕 ＊乳児室又はほふく室、保育室又は遊戯室には、保育に必要な用具を備えること。	（2歳未満児） ○乳児室又はほふく室 ○医務室 ○便所 ○調理室	（2歳以上児） ○保育室又は遊戯室 ○屋外遊戯場（近所の公園、神社の境内等で代替可） ○便所 ○調理室
〔面積基準〕	乳児室：乳幼児1人につき1.65平方メートル以上 ほふく室：乳幼児1人につき3.3平方メートル以上 保育室（遊戯室）：幼児1人につき1.98平方メートル以上 屋外遊戯場：幼児1人につき3.3平方メートル以上	

筆者作成

2　保育所保育指針とは

　保育の方法、いわば保育の中身に当たる部分に関しては、保育所保育指針を参考にする必要がある。保育指針は、1965（昭和40）年に制定された後、1990（平成2）年、2000（平成12）年、2008（平成20）年に改定が行われ、近年では2017（平成29）年3月31日に新しい保育指針が告示された。社会や女性の働き方の変化に伴った0〜2歳児の保育所利用率

の高まりなどを受け、①乳児保育、1歳以上3歳未満児保育の記述の充実、②保育所保育における幼児教育の位置づけ、③環境の変化を踏まえた「健康及び安全」の記載の見直し、④子育て支援の必要性、⑤職員の資質・専門性の向上といった点が、今回の改定のポイントとして挙げられる。3歳以上の子どもについては、幼稚園や認定こども園と共に、幼児教育を行う施設として同じ方向性をもって保育していくことなどが示された。

保育の根底には各保育所の理念や目標があり、それを基本とし、保護者の状況や地域の実情等を勘案して行われる。つまり、保育には保育所それぞれの方針や地域性などが色濃く反映される。それが、各施設の特色ともいえる。一方で、全ての子どもに共通した最善の利益の面からみれば、発達や健康・安全の管理などに対する共通の認識も必要である。そのために、保育指針がそれぞれの保育所が行うべき保育の内容のガイドラインとして、保育の水準を保つ役割を担っている。実習においても、保育指針に照らし合わせながら、現場の保育の内容を理解する姿勢が必要である。

3　保育所の役割

保育所の役割は、保育指針に「保育所は、その目的を達成するために、保育に関する専門性を有する職員が、家庭との緊密な連携の下に、子どもの状況や発達過程を踏まえ、保育所における環境を通して、養護及び教育を一体的に行う。」ことが記載されている（第1章総則（1）保育所の役割 イ）。保育における養護とは、子どもの生命の保持および情緒の安定を図るために保育士等が行う援助や関わりを指す。具体的には、健康状態の把握や基本的生活習慣の自立のための支援、応答的な触れ合い、言葉かけの援助による情緒の安定などのことである。教育とは、子どもが健やかに成長し、その活動がより豊かに展開されるための発達の援助のことで、健康・人間関係・環境・言葉・表現の5領域からなる。領域

は、子どもの発達過程や興味関心を踏まえ、生活や遊びを適切に援助するための枠組みであり、換言すると、子どもにこんな風になってほしい、こんな経験をしてほしいなどという保育者の願いを保育に取り込むための視点ともいえる。保育所における保育は、養護が基礎となって教育が展開されており、保育所での生活の中で遊びを通して一体となって保育されていることを実習の中で体感してほしい。

4 保育士の職務への理解

児童福祉法第18条の4において、保育士とは「第18条の18第1項の登録を受け、保育士の名称を用いて、専門的知識及び技術をもつて、児童の保育及び児童の保護者に対する保育に関する指導を行うことを業とする者をいう。」と定められている。同様に、保育指針にも「保育所は、入所する子どもを保育するとともに、家庭や地域の様々な社会資源との連携を図りながら、入所する子どもの保護者に対する支援及び地域の子育て家庭に対する支援等を行う」とする記述がある（第1章総則（1）保育所の役割 ウ）。

保育士は、子どもたちを保育するという職務以外に、保護者支援という重要な役割を担っている。新保育指針においても子育て支援の充実が図られており、その責務は決して小さくない。では、どのように支援すればよいのか。保育指針には次のように書かれている。「保育所は、入所する子どもの保護者に対し、その意向を受け止め、子どもと保護者の安定した関係に配慮し、保育所の特性や保育士等の専門性を生かして、その援助に当たらなければならない。」（第1章総則（2）保育の目標 イ）

保護者の要望をすべて聞き入れることが子育て支援ではないが、まずは相手の状況や気持ちを受け止めることが必要である。子育て中の家庭や保護者の持つさまざまな「困り感」に寄り添い、専門的な支援をすることが求められる。とはいえ、子育て支援に関する内容、特に保護者との関わりは、学校の授業内だけで習得することは難しい。実習という貴

重な機会を生かし、現場の保育者がどのように保護者と接し、支援しているか、十分に学ぶ好機としたい。

5 地域社会と保育所との結びつき

　子どもは社会の宝として、全ての大人から愛され、大切にされる環境の中で保育されることは大前提である。しかしながら、送迎時の保護者の自転車や自動車による道の混雑や、子どもの声が騒音になるといった苦情やトラブルを地域住民と抱える保育所が全くないわけではない。確かに、子どもを健やかに育みたいという願いが共有の理解となることが望ましいことではあるが、そうはいかない事情や感情もあることを理解しなければならない。自分たちの目線や立場だけで物事を判断せず、「地域の中の保育所」であるという意識を持ちたい。地域の中に温かく認められたり、地域の方々から支援を受けたりすることが、子どもたちの健やかな発達に必要である。

　たとえ実習生であっても、保育所の関係者として地域の方に適切に関わることが求められる。実習時間外であっても、道などで出会ったときに、気持ちの良い挨拶を心がけたい。保育者の姿は子どもたちの見本ともなる。そのために、保育者が何をすべきか、どのように接することが望ましいか、よく理解して行動するようにしたい。

第2節　保育所実習のねらい

1 保育士養成課程における保育実習

　保育士資格を取得するためには、2つの手立てがある。児童福祉法第18条の6に、①都道府県知事の指定する保育士を養成する学校その他の施設（以下「指定保育士養成施設」という。）を卒業した者と、②保育士

図表2-2　教科目の教授内容【保育所実習の目標と内容】

<科目名> 保育実習Ⅰ（保育所実習・2単位）	<科目名> 保育実習Ⅱ（保育所実習・2単位）
<目標> 1．保育所、児童福祉施設等の役割や機能を具体的に理解する。 2．観察や子どもとのかかわりを通して子どもへの理解を深める。 3．既習の教科の内容を踏まえ、子どもの保育及び保護者への支援について総合的に学ぶ。 4．保育の計画、観察、記録及び自己評価等について具体的に理解する。 5．保育士の業務内容や職業倫理について具体的に学ぶ。	<目標> 1．保育所の役割や機能について具体的な実践を通して理解を深める。 2．子どもの観察や関わりの視点を明確にすることを通して保育の理解を深める。 3．既習の教科や保育実習Ⅰの経験を踏まえ、子どもの保育及び保護者支援について総合的に学ぶ。 4．保育の計画、実践、観察、記録及び自己評価等について実際に取り組み、理解を深める。 5．保育士の業務内容や職業倫理について具体的な実践に結びつけて理解する。 6．保育士としての自己の課題を明確化する。
<内容> 1．保育所の役割と機能 （1）保育所の生活と一日の流れ （2）保育所保育指針の理解と保育の展開 2．子ども理解 （1）子どもの観察とその記録による理解 （2）子どもの発達過程の理解 （3）子どもへの援助やかかわり 3．保育内容・保育環境 （1）保育の計画に基づく保育内容 （2）子どもの発達過程に応じた保育内容 （3）子どもの生活や遊びと保育環境 （4）子どもの健康と安全 4．保育の計画、観察、記録 （1）保育課程と指導計画の理解と活用 （2）記録に基づく省察・自己評価 5．専門職としての保育士の役割と職業倫理 （1）保育士の業務内容 （2）職員間の役割分担や連携 （3）保育士の役割と職業倫理	<内容> 1．保育所の役割や機能の具体的展開 （1）養護と教育が一体となって行われる保育 （2）保育所の社会的役割と責任 2．観察に基づく保育理解 （1）子どもの心身の状態や活動の観察 （2）保育士等の動きや実践の観察 （3）保育所の生活の流れや展開の把握 3．子どもの保育及び保護者・家庭への支援と地域社会等との連携 （1）環境を通して行う保育、生活や遊びを通して総合的に行う保育の理解 （2）入所している子どもの保護者支援及び地域の子育て家庭への支援 （3）地域社会との連携 4．指導計画の作成、実践、観察、記録、評価 （1）保育課程に基づく指導計画の作成・実践・省察・評価と保育の過程の理解 （2）作成した指導計画に基づく保育実践と評価 5．保育士の業務と職業倫理 （1）多様な保育の展開と保育士の業務 （2）多様な保育の展開と保育士の職業倫理 6．自己の課題の明確化

［厚生労働省雇用均等、2013］（筆者作成）

試験に合格した者と示されている。このテキストの読者は、ほとんど①に該当することと思う。保育士養成課程における保育所実習の教授内容とその目的は、**図表2-2**を参照されたい。ここに挙げられた目的は、基礎的な実習であるⅠ、実践的な実習であるⅡともに、どの項目も余す所なく重要であることは言うまでもない。さりとて、自分の「実習のねらい」を考える際に、この表の全ての項目をそのまま写すようでは、自発的な学びには程遠い。実習のねらいは、自分自身の中から生まれるもので、それはそれぞれの頭と心で考えるしかない。「この実習で自分は何を学びたいのか」を常に自身に問い続けることが、実習の事前授業の目的の一つともいえる。

2 考えてみよう―保育所実習の意義

①友人のAさんが、「私は中学校の時からいろんな保育所で職場体験学習やボランティア活動をしてきたんだ。それなのにどうしてまた実習に行かなければいけないのか、意味がわからないんだけど、どう思う」とあなたに尋ねた。

②保育所実習に向けて、実習のねらいを考える課題が出された。友人のBさんから「私、子どもが大好きだから、実習では子どもと関わって癒されたいって書こうと思うけど、どうかな」と相談された。

③すでに保育所実習を終えたクラスメートとの学習交流会で、友人のCさんが、「実習では、現場でしか学べないことがたくさんあり、貴重な経験となりました。学校で学んだことは現場ではあまり役に立たず、実体験が何より大切だとわかりました」と発表した。

あなたはどう思うか？　またその考えを他の学生との話し合い、保育実習の意義について考えを深めよう。

【引用・参考文献】

近喰春子編『保育実習』(基本保育シリーズ⑳) 中央法規、2016年

佐藤賢一郎『やさしい保育の教科書&ワークブック 保育所実習の事前・事後指導』北大路書房、2017年

東京家政大学「教育・保育実習のデザイン」研究会 編『教育・保育実習のデザイン―実感を伴う実習の学び』萌文書林、2010年

無藤隆『3法令改訂(定)の要点とこれからの保育』チャイルド本社、2017年

文部科学省・厚生労働省・総務省『幼稚園教育要領 保育所保育指針 幼保連携型認定こども園教育・保育要領〈原本〉』チャイルド本社、2017年

厚生労働省雇用均等・児童家庭局長「指定保育士養成施設の指定及び運営の基準について」2013年

〈http://www.mhlw.go.jp/file/06-Seisakujouhou-11900000-Koyoukintoujidoukateikyoku/0000108972.pdf〉(2017.12.20最終アクセス)

(五十嵐紗織)

第3章　さまざまな方針の保育所

第1節　保育理念・方針・目標の理解

1　保育理念・方針・目標とは

　保育所にはさまざまな保育理念、保育方針、保育目標が掲げられている。保育理念とは、例えば「自己を発揮し、他者と協働できる子どもの育成」のように、保育所という施設の目的を示したものである。

　保育方針とは「子どもたちの興味・関心・意欲を保障し、主体性を育む保育」「子ども一人ひとりの個性や発達を理解し、個性を育む保育」「保育者だけでなく地域の方々との関わりを通して、人間関係を育む保育」のように、保育者の姿勢や、保育の特徴や方向性について語っているものである。

　保育目標とは「自分で考えられる子」「共感できる子」「協働する楽しさを知っている子」のように、保育所の養護と教育を通して育っていって欲しい子どもの姿を表したものである。

　各保育所は、さまざまな保育理念・方針・目標の達成を目指している。そして、現場の保育者は保育理念・方針・目標の達成のために、子どもの姿に応じて保育計画を立て、保育の具体的な内容や方法を決めている。そのため、保育理念・方針・目標を理解することは、保育所が目指している保育を理解する手がかりとなる。保育実習に先立ち、ぜひ保育所のホームページやパンフレットで、保育理念・方針・目標を確認してみてほしい。

2 なぜ多様な保育があるのか

 なぜ、同じ保育所なのに多様な保育が行われているのであろうか。保育所保育指針の総則には、次のような一文がある。「各保育所は、この指針において規定される保育の内容に係る基本原則に関する事項等を踏まえ、各保育所の実情に応じて創意工夫を図り、保育所の機能及び質の向上に努めなければならない」。つまり、各保育所は保育所保育指針の原則を守りながらも、子どもや家庭の状況、地域の実態を踏まえて、特色ある保育内容を決めているということだ。また、年度によって保育所で生活する子どもも、保護者のニーズや職員構成も変化する。そのため、具体的な保育内容は年とともに柔軟に変化していく。結果として、保育は多様になるのである。

 保育実習先を学生が自分で選択できる場合、自分の目指したい保育と合っているかどうか確認をしてから、実習を依頼することも大切である。保育所のホームページやパンフレットを読むことでも、どのような保育が行われているかをある程度理解できる。しかし、実際に日常の保育を見学すれば、肌でその保育所の保育を感じ取ることができ、さらに理解を深めることができる。可能なら見学やボランティアなどを積極的にしてみてほしい。

第2節 さまざまな保育形態と保育内容

1 保育形態を理解する

 保育所は、保育方法や内容を実施する際には、さまざまな保育形態をとる。保育形態とは、保育における子どもの活動形態のことである。

(1) 一斉保育・自由保育

一斉保育とは、同じ年齢の子どもたちに経験して欲しいことを、保育者が一斉に指導をする保育形態である。一日の主活動として多くの保育所で一斉保育が実施され、ている。具体的には折り紙を使った製作や鬼ごっこなどの集団遊び、歌を全員で歌ったりする。一人あるいは少人数の保育者が、子どもたちに経験して欲しいことを、同じ目的を持って集団に対して指導するため、効率が良いという利点がある。その反面、子どもたちが自ら活動を選べず、どうしても受身的になってしまう。しかし、子どもたちにとっても、皆で同じ活動を経験し喜びや驚き、発見などを共有することは楽しく大切な学びの時間になる。保育者は一斉保育の利点を生かすための配慮をすることが求められる。

　一方、自由保育とは自由遊びによって、子どもたちの自由な活動を尊重する保育である。ただし、放任するということではなく、自由な遊びの中でも、子どもたちが成長・発達していくために必要な経験を積み重ね、保育所の生活に充実感を味わうことが求められる。そのため、保育者は子どもたちにとって魅力的な保育環境を整え、さらに子どもたちの興味・関心・意欲を培うように遊びを発展・展開できるような援助が求められる。

(2) 年齢別保育・異年齢保育

　年齢別保育とは、子どもたちの年齢ごとにクラスを分け、生活や遊びを展開する保育である。年齢が同じということは、発達が近いので、発達に応じた保育を行うことができるというメリットがある。しかし、同じ年齢でも4月生まれと3月生まれではほぼ1年の違いがある。特に0～1歳児は月齢により発達に大きな差があるため、年齢別にクラス分けをしても、一人ひとりの遊び方や生活の流れが違ってくる。そのため、月齢ごとにさらに2クラスに分けて保育を行っている場合もある。異年齢保育では、子どもたちを年齢毎に分けず、3・4・5歳児混合でグループを作り、活動する保育形態である。同じグループで遊び、生活するため、年齢別保育よりも異年齢の子どもと関わり合う経験ができる。生活

の場面では5歳児が3歳の面倒を見たり、3・4歳児が5歳児をモデルにして、模倣をすることで自然と生活習慣を身につけることが期待できる。また、遊びの場面では、多様な発達の子どもたちが発達や興味関心に応じて、参加する活動や集団を選び、活動することができるため、より子どもの主体性を尊重した保育実践ができる。

(3) コーナー保育・オープン保育

コーナー保育は、保育室に遊びのコーナーをいくつか設けて、子どもたちが自主的にコーナーを選び活動する保育である。保育者は子どもの興味・関心や発達に応じて、室内・室外に環境を設定する。折り紙や工作ができる制作コーナーや、ままごとコーナー、パズルコーナー、積み木コーナー、絵本コーナー等、コーナーの種類はさまざまである。多様なコーナーがあることで、子どもたちは自主的に遊びを選択することができる。

オープン保育では、年齢別クラスの枠を取り払い、各保育室もオープンにして、子どもたちが園庭も含めた園内を自由に行き来できるようにする。各保育室や園庭では、保育者が子どもたちにさまざまな活動を提供したり、自由に遊ぶことを見守り、時には遊びが発展するように関わる。オープンな空間の中で、自然と異年齢の交流も生まれるが、人数確認や安全面の配慮は欠かせない。

2 特徴ある保育内容

特徴ある教育方法や、プログラムを保育内容に取り入れる保育所も増えてきている。海外の幼稚園や保育所などで実施されている教育方法を取り入れたり、保護者のニーズに応えるために、外部から専門の講師を招いて保育時間にプログラムを実施している保育所も増えてきている。

(1) モンテッソーリ教育・シュタイナー教育

モンテッソーリ教育とは、イタリアのマリア・モンテッソーリ (Maria Montessori 1870〜1952) が開発した保育実践である。モンテッソーリ教

育では、子どもは、自らを成長・発達させる力をもって生まれてくると考えている。そのため保育者の役割は、子どもの要求をくみ取り、環境を整え、自発的な活動を援助する。知的活動を重視しており、円柱さしや、生活用具、文字盤や数字合わせ等、独自の教具を使う。保育者は教具の使い方の手本を見せたり、助言をしたりする。子どもが自由を保障され、自発的な活動に取り組むことで、自立した子どもに育つことを目指している。

シュタイナー教育は、ヴァルドルフ・シュタイナー（Rudolf Steiner 1861～1925）がドイツで始めた教育実践である。シュタイナー教育では、誕生から7歳ころまでは頭ではなく、身体が育つ時期だと考えている。そのため、文字や数字などの教育は行わずに、身体を十分に使って遊ぶことや、毎日の生活のリズムを整えることを重視している。保育室は薄いピンク色の布で包まれ、既成の玩具はなく、どんぐりや木の枝など自然物を遊びに使う。子どもたちの想像力を豊かにするために、人形には顔の表情がない。キャラクター物やテレビなどは子どもにとって刺激が強いと考え、保育ではもちろん、家庭でもできるだけ控えるようにお願いをしている場合もある。

(2) 英語教育・体操教室・造形教室

日常の多くの時間を過ごす保育所では、保育者は子どもたちの成長を毎日の少しずつの小さな変化から捉えることができる。しかし、仕事や家事で忙しい保護者は、子どもの小さな変化に気づくことが難しい場合がある。では、一番子どもの成長を実感しやすいのはどのようなときだろうか。それは、子どもが何か新しいことが「できる」ようになる瞬間である。例えば縄跳びが跳べるようになる、ひらがなや数字が読めるようになるなどである。そのため、近年、保護者からの乳幼児期における教育のニーズは増している。また、子どもの将来に役立つと考えて、乳幼児期から英語や体育、造形等に取り組ませたいと考えている保護者もいる。

そのような保護者のニーズに応じて、保育士よりもより専門的な知識

を持つ外部の講師を招き、英語や体操、造形等を保育に取り入れる保育所が増えている。実はこのような外部講師を招いた保育は、現場の保育者にとってもメリットがある。日常とは違った子どもの姿を客観的にじっくり観察することができるため、自分の保育を振り返る良い機会にもなる。しかし、一斉保育と同様、子どもが主体的に参加できるための配慮が不可欠である。

（3）宗教保育

保育所の中には、お寺や神社、教会が隣接し、運営をしている園がある。特に宗教を保育に取り入れていない場合もあるが、宗教教育を行っている場合もある。

仏教を保育に導入している園では、お釈迦様の絵が飾られていたり、ホール等人が集まる場所に仏壇がある。また、朝の会などで念仏を唱えたり、「花まつり」などの仏教の行事も行っている。キリスト教保育では、一日の中にお祈りの時間があり、聖歌が歌われる。また、礼拝を行ったり、復活祭などの行事が実施される。

保護者やその保育所で働く職員が、必ずしもその宗教の信者ではないことが多く、宗教を通して感謝の心を養うことや人間教育を目指して保育が行われている事が多い。

（4）プロジェクト活動

プロジェクト活動では、子どもの興味・関心から1つのテーマの遊びが始まり、数週間から長い場合は1年にも渡って、取り組まれる。子どもたちは互いに議論しながら、活動を深め広げていく。保育者は子どもたちのやりとりを見守りながら、活動を豊かに展開していくための環境を整えるという役割を担う。また、子どもたちの活動の様子を写真などで掲示することで、子どもたち自身が活動をふりかえり、深めていくことができる。掲示をすることで、保護者が活動に興味を持ち、協力を申し出てくれることもある。保育所だけで子どもたちのプロジェクト活動が終わることなく、地域の人々ともつながり、活動が更に発展していく

こともある。

第3節　全体の計画と保育内容

1　全体の計画の理解

　保育所保育指針の「3保育の計画及び評価」において、保育所における全体的な計画の作成について、次のように示されている。「保育の目標を達成するために、各保育所の保育の方針や目標に基づき、子どもの発達過程を踏まえて、保育の内容が組織的・計画的に構成され、保育所の生活の全体を通して、総合的に展開されるよう、全体的な計画を作成しなければならない」。そして「全体的な計画は、子どもや家庭の状況、地域の実態、保育時間などを考慮し、子どもの育ちに関する長期的見通しをもって適切に作成されなければならない」とされている。

　また「全体的な計画は、保育所保育の全体像を包括的に示すものとし、これに基づく指導計画、保健計画、食育計画等を通じて、各保育所が創意工夫して保育できるよう、作成されなければならない」。保育所は、全体的な計画を元に、各クラスの指導計画が作成され、保育が行われている。つまり、保育実習では、実習生が全体的な計画の中の一部を担うことになる。そのため、可能であれば実習先の保育所の「全体的な計画」を見せてもらうとよい。また、自分が実習で部分実習や責任実習をするクラスの年間計画や月案を見せてもらい、その月のねらいや前月の子どもの姿を理解しておくとよいだろう。

　そして、実習が始まったら、日々保育を実践しながら、指導担当者に実習日誌をチェックしてもらうことや、毎日実習の反省会などを通して、日常の保育とのすり合わせを行う。実習生が作成した部分実習や責任実習の指導案が、全体的な計画に沿った案になっていない場合は、修正を

求められることもある。実習生にとっては、実習は非日常だが、子どもたちにとっては、保育所の生活は日常である。そして、保育所の全体の計画という大きな流れの中で生活をしている。保育所の保育の流れを理解し、子どもたちの大切な日常と、現場保育者の思いを尊重して実習を行うようにしよう。

2 実習を通して自分の保育観を養う

　これまでさまざまな保育方針について解説してきたが、全ての保育所に共通するのは、保育実践の根底には、子どもにとって一番良い保育をしたいという保育者の思いがあるということだ。実習で実際に保育所の保育に触れることで、保育者としての自分の思いや、目指したい保育が少しずつ明確になっていくだろう。それは、保育観と呼ばれるものである。保育観は保育者が育ってきた過程で身につけてきた価値観や信念等に影響される。そして、保育経験を通して少しずつ変化もしていく。そのため、一人ひとり違っている。

　「保育の哲学は細部に宿る」と言われる。子どもへの声のかけかたや、援助の仕方など、保育者の行動には、保育観が現れる。実習日誌には実習生の気づきを書く部分があるが、現場の先輩保育者の言動から、意図を読み取るようにしよう。目に見えない保育観が少しずつ理解できるようになり、実習生として子どもとの関わり方や、部分・責任実習の保育内容の方向性が見えてくると思う。実習で保育所での保育に共感したり、自分の目指したい保育と比較したりすることで、自分の保育観が少しずつ養われてくるだろう。

【引用・参考文献】
　森上史朗・柏女霊峰編「保育用語辞典〔第8版〕」ミネルヴァ書房、2015年

（鈴木健史）

第4章 保育所保育士の役割

第1節 保育所保育士の特質

　今節では、保育所保育士がどのような存在であるかを、保育所保育指針や法令を基に、資格や免許など制度的な部分を踏まえた上で、実際の業務や専門性に焦点をあて、理解を深めていきたい。

1 保育所保育士とは

　保育所保育士とは、児童福祉法第39条の規定に基づき、保育所で保育に携わる保育者のことを指す。保育所における保育は、保育所保育指針の第1章総則において、その役割や目標、保育方法や保育の環境、保育所の社会的責任が明記されており、それぞれの実情に応じて保育所の機能および質の向上に努めることが求められている。

(1) 保育所保育士の一日

　保育所では「デイリープログラム」という一日の生活の流れを示したものに沿って、保育が営まれている。保育士は、子どもの月齢や発達状況に合わせて、デイリープログラムを作成し、日々の保育を展開していく。

　保育所の保育時間は、おおむね8時間ではあるが、時間外保育（早朝・延長保育）を行っている園も増えていることもあり、保育士の勤務時間も早番、遅番等、園の状況に合わせて変わってくる。また、デイリープログラムはあくまでも目安であるので、月齢に応じて、おやつや午睡の時間や主な活動の内容等も変わってくる。保育士は、一人ひとり

の体調の変化や精神的な状態に留意し、個々に応じた援助を行うと共に、クラスとしてのねらいや目標をもってクラス運営に当たっている。

(2) 幼稚園教諭と保育士の免許・資格

乳幼児に対して保育を行う者を保育者という。しかし、職種に応じて、幼稚園教諭と保育士に大きく分けられる。この二つは共通する点が多くあるが、それぞれの成り立ちや社会的位置付けが異なる。

幼稚園教諭とは、文部科学省の管轄の下、学校の教員として幼稚園で保育を行う者を指す。これに対して、保育士は、厚生労働省の管轄の下、児童福祉施設の職員として、保育を行う者を指す。また、保育所は児童福祉施設の1つとして位置づけられ、保育士の資格で働くことの出来る職種は、保育所を含め、児童養護施設、乳児院、障害児施設等多岐にわたる。

幼稚園教諭になるには、学位に応じて専修、一種、二種、と種類の異なる免許状を取得しなければならない。保育士になるには、保育士資格の取得が必要で、学校で必要科目を履修する方法と、保育士試験に合格する方法がある。

2 保育所保育士の専門性

保育所保育士は、「養護」と「教育」を一体的に行うという保育所の特性を踏まえた上で、専門的な知識や技術、そして、倫理観に裏付けられた判断が、保育士の専門性として求められている。

(1) 保育士に求められる専門性

新たな保育所保育指針には、保育所職員に求められる専門性として、職員一人ひとりの倫理観や人間性、職務および責任の理解と自覚を基盤として、知識および技術の修得、維持および向上に努めることが明記されている。また、子どもを取り巻く環境の変化に伴い、保育士は保護者に対して保育に関する指導を行うことも求められ、保護者支援の専門家としての役割も求められている。

このように保育士に求められる専門性は非常に幅広く、それぞれが関連し合っている。保育士の専門性とは、紙芝居や絵本を読む技術や表現力、ピアノを弾く技術の高さ、子どもの発達等の知識の豊かさだけではない。専門的な知識や技術は、一人ひとりの子どもを理解し、適切な援助を行うために、どのように生かされるかが重要になってくる。

(2) 保育の質の向上に向けた取り組み

　新たな保育所保育指針では、保育所保育の基本原則の中に、保育士は、職務を遂行するための専門性の向上に絶えず努めることが明記されている。そのために、保育士は自己評価に基づき課題を明確にし、職場における研修を通して、職員同士が主体的に学び合うことや、必要に応じて外部研修へ参加することによって、必要な知識や技術の習得や維持および向上に努めることが求められている。

第2節　保育士の役割の実際

　保育所保育指針第1章総則、1の（1）エに、保育士は「保育所の役割および機能が適切に発揮されるように、倫理観に裏付けられた専門的知識、技術をもって、子どもを保育する」ことと「保護者に関する指導を行う」ことが、明示されている。第2節では、保育士の役割を、より具体的に掘り下げていきたい。

1　保育者の役割

　現在、保育所保育指針や幼稚園教育要領では、子どもの主体的な活動を通して、総合的に行う保育が、保育の基本とされている。そして、保育者の役割とは、その専門性を基盤として、日々子どもと関わり育ちを支えることといえる。また同時に子どもと共に生活し、共に成長することも求められている。子どもの主体的な活動とは遊びであり、その遊び

を支えるために、幼稚園教育要領解説には保育者の役割として、5つの視点が示されている。以下、5つの視点について、考えていきたい。

(1) 理解者としての役割

「理解者」とは、子どもの思いや気持ちに寄り添い、子どもの活動がどのような意味をもつのか、理解する役割である。これは、個と集団の両面から子どもの様子を理解することが必要であり、また、家庭との連携を通して、入園までの生活経験や降園後の様子も把握した上で、総合的に子どもを見る視点が重要となってくる。そのためには確かな子ども理解が必要であり、子どもの言動や表情、態度からその意味を探り、表に出せない思いを含めて理解しようとする姿勢が大切である。

(2) 共同作業者としての役割

活動の広がりや深まりが必要な場合、保育者が子どもと共に活動に入ることで、子どもは新たな発見や楽しみ方を見いだすこともある。また、子ども自身が楽しいと感じたことを、保育者が共有することによって、子どもはより安心して遊びに没頭することができる。このように子どもの「共同作業者」として同じ目線に立ち、同じように行動することによって、子どもとの信頼関係も深まり、より深い子ども理解につながっていく。

(3) モデルとしての役割

子どもは保育者のことをよく見ている。保育者が無意識に取っている言動を、子どもが真似をしている場面に出くわすことで、保育者自身が普段どのような振る舞いをしているか、気付かされることがある。子どもは、保育者の日々の言葉や行動する姿を「モデル」として、人への関わり方や善悪の判断、いたわりの気持ちなど多くのことを学んでいく。保育者も人間である以上、間違いや失敗をすることはある。しかし、保育者自身が日頃から、どのようなことを大切に生活しているのか、という生き方そのものが子どもに伝わっている、ということは知っておくことが大切である。

(4) 遊びの援助者としての役割

　子どもの生活は遊びを中心としている。充実した遊びは、子どもの生活をより豊かにしていく。しかし、子どもたちの遊びは時に停滞し、壁にぶつかることがある。そんなときには、「遊びの援助者」としての保育者の役割が重要となってくる。保育者は遊びの広がりを期待し、環境を整えることや、保育者自身が遊びに加わり、新たな展開を生み出すことが必要になる。ここで重要なことは、いつどのような援助を行うかを状況に応じて判断することである。一人ひとりに応じた適切な援助が、子どもの自立心を養い、生きる力を育てることにつながっていく。

(5) 心のよりどころとしての役割

　子どもにとって園での生活は、保護者から離れて初めての集団生活である。園での生活では、入園当初の不安や、友だちとの対立、自分の思い通りにいかない経験など、さまざまな壁とぶつかる。そのようなときに自分をありのまま受け止めてくれる保育者の存在は、「心のよりどころ」として、子どもに落ち着いた心と安定した生活をもたらす。保育者は、一人ひとりの子どもの姿を認め、受け止めることにより、子どもとの信頼関係を生み出す。この信頼関係が、子どもの主体的な活動の基盤となっていくのである。

2　乳児における保育士の役割

　乳児から2歳児までの時期は、さまざまな環境との関わりの中で、自我が形成される、子どもの心身の発達にとって非常に重要な時期である。特に人的環境である保育者は、保護者に次いで、生活の大部分を共に過ごす存在として、生活習慣の形成や社会性の獲得に大きな影響を与える存在といえる。ここでは、0〜2歳児に焦点をあてて、乳児の特性を踏まえた上で、保育士の役割がどのようなものか、考えていきたい。

(1) 養護と教育

　保育所では、子どもの生命の保持および情緒の安定を図る「養護」と、

生きる力の基礎を培う「教育」が一体的に行われる特性がある。特に0～2歳児を対象とした乳児保育においては、乳児を主体として、①健やかに伸び伸びと育つ（身体的発達に関する視点）、②身近な人と気持ちが通じ合う（社会的発達に関する視点）、③身近なものと関わり、感性が育つ（精神的発達に関する視点）の視点から、保育のねらい、内容を考える必要がある。また、乳児は、疾病への抵抗力の低さや心身の機能の未熟さに伴い、一人ひとりの発育および発達状況、健康状態に留意し、適切な保健的な対応を行うことが望まれる。

(2) 0歳児の保育

0歳児の保育においては、特に保健的な対応に留意し、生活や遊びが充実することを通して、身体的・社会的・精神的発達の基盤を培うことが重要になってくる。このことから、特定の保育士による応答的な関わり、栄養士や看護師などのさまざまな職種の教職員間の連携、保護者への支援等が主な配慮事項として挙げられる。このように、0歳児の保育では、生命の保持と情緒の安定という、養護にかかわる配慮に重きを置いている。

(3) 1歳以上3歳未満児の保育

この時期の子どもは、基本的な運動機能や食事、排せつ、着脱など生活習慣に伴う身体的機能、指先の機能の発達が見られ、語彙も増え、自分の意志や欲求を表現できるようになる。保育者は、子どもの発達状況を把握した上で、子どもが自分でしようとする気持ちを尊重し、温かく見守り、受容的、応答的に関わることが重要である。保育の実施に関しては5つの領域を視点としながら、健康面や安全面に十分留意し、子どもの自発的な活動を促す環境を整え、さまざまな遊びを取り入れ、心身共に充実した生活を過ごせるよう、適切な援助を行うことが大切である。

3 幼児における保育士の役割

3歳児以上の保育に関して、保育士は乳児期の保育を土台として、幼

児期の終わりまでに育ってほしい姿（ア.健康な心と体、イ.自立心、ウ.共同性、エ.道徳性・規範意識の芽生え、オ.社会生活との関わり、カ.思考力の芽生え、キ.自然との関わり・生命尊重、ク.数量や図形、標識や文字などへの関心・感覚、ケ.言葉による伝えあい、コ.豊かな感性と表現）を考慮し、保育の計画を立案、実施することが求められている。また、小学校を見据えて、小学校との連携や、子どもの生活の連続性を踏まえた、家庭および地域社会との連携も留意すべきこととして挙げられている。

(1) 3歳児以上の保育

　この時期の子どもは、基本的な生活習慣もほぼ自立し、知的な興味や関心が高まり、語彙数も急激に増加していく。また、一人遊びが主となる乳児の生活から、集団的な遊びや共同的な活動に伴い、生活の範囲も広がっていく。これらのことから、3歳児以上の保育では、個の成長と集団としての活動の充実を図ることが重要になってくる。具体的な保育の内容としては、幼稚園教育要領との整合性を図り、生きる力の基礎を培うために、育みたい資質・能力（知識および技能の基礎・思考力、判断力、表現力等の基礎・学びに向かう力、人間性等）を5領域が示すねらいに基づいて、保育を立案していく。その際、保育所保育の基本原則を逸脱しないよう配慮する必要がある。

(2) 幼・保・小の連携

　近年、小学校で小1プロブレムと呼ばれる学校生活に適応できない問題行動が注目され、幼児期の教育と小学校教育との連携が重要視されている。この問題について、さまざまな要因があるが、幼児期の教育と小学校教育の目的や方法が異なることが原因の1つとして挙げられる。

　幼児期の教育は、子どもの主体性を尊重し、遊びや生活という体験を中心とした「遊びを通した総合的な教育」であり、一日の生活は時間ごとに区切られているものではなく、子どもの興味・関心に基づいて、保育は展開されていく。一方、小学校以上の教育では、教科ごとの系統的

なカリキュラムに沿った学習で学習評価が明確であるなど、子どもの発達の特徴の違いから、幼児期に適した教育と児童期に適した教育は異なり、違いは生じてくる。

　以上のような課題を乗り越えるための連携の方法をいくつか紹介する。まずは、子ども同士の交流である。これは共通の活動体験を通して、園児と児童の相互交流を深め、学校生活の理解や進学への意欲を高めることを期待している。次に教員同士の交流である。これは、授業参観や研究会を通して、教員同士の交流や相互理解が目的である。そして、カリキュラムの工夫である。例えば、接続時期を設定し、徐々に遊びによる学習から系統的な学習への興味につなげるカリキュラムを作成するといった、子ども自身の中に準備状態をつくることを目的としている。

【引用・参考文献】

　汐見稔幸・大豆生田啓友編『保育者論』（最新保育講座 2）ミネルヴァ書房、2010年

　林邦雄・谷田貝公昭監修、中野由美子編『家庭支援論』（保育者養成シリーズ―）一藝社、2013年

　無藤隆・汐見稔幸編『イラストで読む！幼稚園教育要領 保育所保育指針 幼保連携型認定こども園教育・保育要領はやわかりBOOK』学陽書房、2017年

　厚生労働省編『保育所保育指針解説書』フレーベル館、2008年

　内閣府・文部科学省・厚生労働省『幼稚園教育要領　保育所保育指針　幼保連携型認定こども園教育・保育要領<原本>』チャイルド本社、2017年

　文部科学省『幼稚園教育要領解説』フレーベル館、2008年

（木下孝一）

第5章 保育所実習の内容

第1節 実習の段階と内容

保育実習（以下、実習）は、厚生労働省が定めた「保育実習実施基準」に基づくものである。初めから、学生が保育士の代わりに保育をすることはできないので、見て学ぶことから、保育士に代わって子どもに指導援助する時間を持つまで段階を追って学ぶ。

保育所実習には、保育実習Ⅰ（保育所）と保育実習Ⅱとがある。実習の段階には、見学・観察実習、参加実習、部分実習、責任実習の4つの段階がある。保育実習Ⅰ（保育所）は、見学・観察実習、参加実習を中心に、時には部分実習まで行うものである。保育実習Ⅱは、保育実習Ⅰ

図表5-1 実習の段階

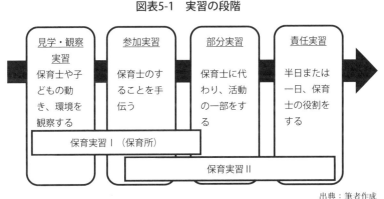

出典：筆者作成

で学んだことを踏まえ、自らが保育士に代わって指導や支援をすることを通して保育を総合的に学ぶものである。その内容は、養成校の教員や保育所の職員（以下、保育士ら）の考え方や状況により異なる。**図表**5-1に、一般的な「実習の段階」を示す。

次に、実習段階ごとの目標、内容、配慮事項等を述べる。

1 保育実習Ⅰ（保育所）

保育実習Ⅰ（保育所）の目標は、保育現場で保育士らや子どもと関わりながら、養成校で学んだ保育の理論や知識、技術を、総合的に実践する力を養うことである。

この段階で得た感動や気付きは、その後の学びの基礎にもなる。養成校によっては、保育実習Ⅰの学びを助け深めるために、実習前に保育現場で見学実習を行っている所もある。

(1) 見学・観察実習

見学・観察実習では、保育士ら、子ども、環境等、保育の全体を見ることを通して、保育の基本を学ぶ。

主な実習内容は、次の4点である。

① 保育士の役割、子どもへの接し方や援助支援の仕方、他の職員との関わり方を理解する。
② 個と集団、子どもの発達、子どもの興味関心のあることや遊び、子ども同士の関係、障害児の状況等、子どもの行動や様子を観察し理解する。
③ 保育所の一日の流れや、環境設定を理解する。
④ 緊急の際の避難経路を確認する。

見学観察する際は、子どもが何を思い行動しているのか、保育士はどのような考えで子どもに接しているのか、環境にはどのような意図があるのか、自分が保育士ならどうするのかを考えながら見る。保育士の子どもへの関わり方や援助方法は一様ではなく、またそれぞれ意味や事情

等があるので、疑問を感じたら質問し、答えが聞けたらその答えも実習日誌に書くとよい。

客観的に観察する段階ではあるが、保育士らの「日頃は子どもに関わる機会がないので、子どもに関わる機会を多くしてあげたい」という配慮により、子どもに関わりながら観察することもある。その際、メモの取り方や自分の立ち位置が保育の邪魔にならないよう、事前に保育士に確認する。メモを取ることが認められた場合でも、子どもの前では書かず、メモ用紙等の取扱いにも気をつける。

(2) 参加実習

参加実習では、見学・観察実習で学んだことを基に、自分の課題、テーマをもって日々の保育に参加し、子どもと関わりながら学ぶ。

主な実習内容は、次の4点である。

① 子どもと活動を共にしながら、保育所の生活を体験する。
② 保育士の補助をし、保育士としての態度や技術等を習得する。
③ 職務内容に応じた役割分担及びチームワークについて学ぶ。
④ 子どもの個人差について理解し、個別の対応方法を習得する。

保育の醍醐味は、子どもに関わることである。子どもの興味・関心に沿った遊びに学生も一緒に入り込み、子どもと楽しい感情を共有すると、子どもの世界は見えやすくなるだろう。子どもの動きが自分の想像とは異なるときなど対応に戸惑うこともあるが、緊張しすぎず、まずは遊んでみることを勧める。もし判断や対応に苦慮するときは、保育士に指示を仰ぎ、その場で保育士の対応の仕方や子どもの様子を見て学ぶようにする。

保育士の補助をする際は、自分の思い込みで動かないよう、事前に保育士の考えを聞き、動きをよく見た上で積極的に行う。

2 保育実習Ⅱ

保育実習Ⅱの目標は、保育実習Ⅰで培った知識や技能をさらに深めていくことである。とくに保育所の全体的な計画、指導計画に配慮した指

導案を立案し、実践的に保育の方法を学ぶ。また、学んだことを基に保育の再構築もする。

(1) 参加実習（参与実習）

参加実習では、保育実習Ⅰの学びを土台に、子どもと共に活動しながら保育の観察や保育士の動きを模倣することを通して、保育技術の習得に努める。

主な実習内容は、次の2点である。

① 保育実習Ⅰでの体験や学んだ内容を踏まえ、保育について理解を深める。
② 保護者支援について、総合的に学ぶ。

保育実習Ⅰとは異なる保育所で実習をする場合には、学生は、保育所により保育の内容や方法が異なることを体験を通して学ぶ。前回と同じ保育所で実習する場合も子どもは成長しているので、一日の流れや手順、子どもの様子、保育士の関わり等を確認する。

(2) 部分実習

部分実習では、見学・観察実習、参加実習での学びを土台に、保育の一部分を保育士に代わって担当する。

主な実習内容は、次の3点である。

① 保育所の全体的な計画及び指導計画の意義を理解し、短時間の指導案を保育士の指導の下に作成し、実践する。
② 自らの力量を実践的に確かめるとともに、新たな課題を見いだす。
③ 子どもの最善の利益の観点から、個人差に配慮した保育を展開できるように心掛ける。

部分実習の活動内容には、手遊び、歌遊び、絵本、紙芝居、ペープサート、パネルシアター、ピアノ伴奏、出欠取り等の短時間のものから、製作や運動遊びの指導等その日の主活動になるものまでがある。生活面での活動を指導することもある。どの活動をするかは、保育士と相談して決める。指導案の作成にあたっては、保育所の計画とのつながりや、

前日の子どもの様子に配慮しながら「子どもはこの活動を何のためにするのか、何ができるようになるのか」という視点で考えたり、支援の仕方や関わり方、配慮すること、子どもの様子等を具体的に想定したりしながら立案する。子どもは保育士を最も頼りにしているが、学生が指導する際には、保育士は子どもにそれを伝え学生の活動に協力する。しかし、学生の立場では、保育のすべてには責任を持てない。できるだけ深い学びを得るためにも、早めに保育士に指導案を提出し、保育士から指導や助言をいただき、検討を繰り返す。保育士は、日々PDCAサイクルで保育を捉え進めている。実習は保育の一部なので、その観点で進め、実践後の反省を次に生かすようにする。

保育は、臨機応変な対応や実践が求められるものである。時には、保育士から、突然、子どもに対する指導を任されることもある。子どもから見たら、学生も保育士の1人である。慌てずに落ち着いて「指導時間をいただけた」と肯定的かつ謙虚に受け止め、活動に全力で取り組もう。また、いざというときのためにも、事前に手遊びや絵本等を複数用意したり、指導案作成の指示がなくても細やかな配慮を考えたりしておくとよい。

(3) 責任実習（一日実習、全日実習）

責任実習では、これまでに学んだ知識や技術、保育士としての言動、立ち居振る舞いを集大成し、保育士に代わって、半日または一日の保育を行う。

主な実習内容は、次の3点である。

① 保育所の全体的な計画及び指導計画の意義を理解し、半日または一日の指導案を保育士の指導の下に作成し、実践する。
② 自らの力量を実践的に確かめるとともに、新たな課題を見いだす。
③ 子どもの最善の利益の観点から、個人差に配慮した保育を展開できるように心掛ける。

実践はPDCAサイクルの形で進め、実践後は省察する。保育士らから助言を受けた際には肯定的に受け止め、自分の課題をさらに明確にする。

また、実践後には、次の日の保育に配慮した環境設定をする。
　この実践は、実習の後半に設定されることが多いが、保育所の事情や保育の方法によって、実施回数、時期、時間の長さ等は異なる。
　学生はこの実践により保育士の責務や自分の力量を実感し、将来自分が保育士になったときの姿も想像するだろう。学生の中には「準備をしたかしないかで子どもの反応が違うことを経験した」「理解しているつもりでやってみたら、出来ないことがあった。実際にやりながら理解する中で、自分の課題や改善する点が分かった」「複数担任のクラスと一人担任のクラスでは、責任実習の際の動きが違った」という声がある。できるだけ指導する場を与えてもらえるようお願いをする姿勢で臨みたい。

第2節　保育実習における
　　　　さまざまな学びと心構え

1　保育実習で求められる心構えとさまざまな学び

　保育実習は、保育士を養成する課程の中で重要な位置を占めている。学生の中には「実習が終わってから講義の内容が理解できるようになった」という声もある。しかしながら、学生が、慣れない場所で、初めて出会う保育士や子どもに関わることは、想像以上に緊張や戸惑いを伴うものである。実習が始まってから慌てないで、より子どもと関わる喜びや楽しさを味わうためにも、事前学習で、子どもの発達を頭に入れたり、自らの目標や課題、実習で挑戦してみたいことを考えたり、部分実習や責任実習の指導案を作成したりしておくとよい。短期間の実習で子どもと信頼関係を築くことは難しいが、実習が始まったら、子どもの様子をよく観察しその関係づくりに努める。学生の中には、実習前には予想もしていなかった困難にぶつかる者もいる。そのとき、その場で助けてくれるのは、保育士らである。学生が一生懸命に取り組む姿を見ると、保育士らは手を貸したくなるものである。

学生は、保育士らだけでなく、子どもや保護者からも観察されている。保育所の一員という意識で、挨拶、言葉遣い、マナー、返事等にも気をつける。保育士らは、将来の保育士を育てるために受入指導をしていることを忘れてはならない。

　保育士の仕事は、子どもへの直接的な支援だけではない。例えば「子どもの活動を見通した事前準備、環境設定」「保育室、トイレ、園庭等の整備や衛生管理、備品や教材の殺菌、消毒、修繕」「感染症対策」「事務仕事」「職員会議や打ち合わせ」「保護者への支援」等がある。実習では、このような仕事を見たり参加したりする機会もある。もし自分に任せられた仕事内容が苦手なものであったとしても、謙虚な姿勢で受け止め、すぐに取り掛かる。保育士と共に作業をするときには、保育士のやり方をよく観察し、仕事を進める際の工夫や配慮すること等も学ぶ。

　実習で学ぶことの1つに、災害時の対応がある。保育所保育指針には、災害への備えが示されており、地域関係機関と常に連携し、避難訓練を共に行うことも明記されている。実習中に防災訓練があったら、保育士の動きを見て補助をしながら、子どもを素早く安全に避難させる方法、人数確認の方法、地域との連携の仕方等も学ぶ。また、災害はいつ起きるか分からないので、実習が始まったら、保育所の避難経路を確認しておくとよい。

2　保護者支援に関する学び

　保育所保育指針には、保護者支援について「保育に関する専門性を有する職員が、家庭との緊密な連携の下に、子どもの状況や発達過程を踏まえ、保育所における環境を通して、養護及び教育を一体的に行う」「家庭や地域の様々な社会資源との連携を図りながら、入所する子どもの保護者に対する支援及び地域の子育て家庭に対する支援等を行う」「倫理観に裏付けられた専門的知識、技術及び判断をもって、子どもを保育するとともに、子どもの保護者に対する保育に関する指導を行う」

等と示されている。

　社会の価値観が多様化し、複雑な家庭環境の子どもが増加している。保護者との愛着関係を築きにくい場合もあり、保育所の家族構築支援やセーフティネットの役割が重要になってきている。保育士らは、保護者と協力しながら子どもを育てあう関係を築くために、連絡帳、お便り、掲示板、送迎時の関わり、保護者面談等を通してコミュニケーションを図り、その関わりの中で保護者への支援もしている。未就園の子どもの保護者に対しては、施設の開放、子育てに関する援助、保護者同士が子育てを支え合う関係を築けるような場作りもしている。実習では、このような取り組みについて保育士から聞き取ったり、連絡帳を見せていただいたり、送迎時に保育士が保護者に接する姿を見たり、地域の保護者に向けた活動に参加したりしながら学ぶ。守秘義務を厳守することを忘れずに、積極的な姿勢で臨むことが大切である。

　実習中に、保護者から相談を受けた場合には、保育士らにただちに報告するなど、保育者らへの報告・相談・連絡が大変重要なことも忘れてはならない。

【引用・参考文献】
　厚生労働省『保育所保育指針〔平成29年告示〕』フレーベル館、2017年
　全国保育士養成協議会・保育実習指導のミニマムスタンダード編集委員会『保育実習指導のミニマムスタンダード〔2017年版〕』全国保育士養成協議会、2017年
　内閣府、文部科学省、厚生労働省『幼保連携型認定こども園教育・保育要領〔平成29年告示〕』フレーベル館、2017年
　文部科学省『幼稚園教育要領〔平成29年告示〕』フレーベル館、2017年

（岡本弘子）

第6章　施設実習の意義

第1節　「実践場面における学習」としての実習の位置付け

1　実践場面で学習を行うということ

(1) 施設実習を行う意味

「施設実習を行う意味」とは何なのか。実習指導を受ける中で必ずと言っていいほど直面する課題である。狭義的に捉えると、保育士資格を取得するための要件として必要な機会（単位）であることにほかならないが、実習を行う意味はそれだけではない。実習先となる社会的養護あるいは障害者支援等の場での学びは、それまでに習得したさまざまな理論や指導法（保育内容）等が「子どもや利用者たちにどのような形で展開されているのか」を学ぶという意味において、座学では得られない多くの発見やその根拠を得られる機会となる。

「資格取得のため」という目的意識だけで子どもたちの日常生活の場に赴くことは、そこで生活する子どもの存在を考えれば道徳的に疑問符がつくところであり、かつ「実習＝学習の機会」であることを前提とすれば適切な捉え方とは言い難いことは十分に理解しておきたい。

(2) 実践が意図するところ

私たちは、保育や社会的養護の場面を捉えて、一般的に「実践場面」等と呼ぶことが多いが、「実践」となりうる行為が成立するためには「目的やねらいを持った保育者側の働き掛け」が必要になる。例えば、

アセスメントに関する技法等を用いて場面分析をしたり、子どもの成長発達の観点から見通しを持って行われる声掛けや促し等の行為は、子どもと遊ぶ、衣食住を提供するといった単純反復的な行為とは一線を画す保育士の専門的な営みである。そのような保育士の働き掛けが、子どもたちの成長や環境構成等にどのような意味や意図を持たせているのかを直接的に学ぶことができるのも、実習の醍醐味の1つであろう。

　そして、実習生が陥りやすいこととして、実習は生活場面が主となることから毎日が変わらない日常に感じることもあるかもしれないが、そこで目の当たりにする保育士の一つひとつの行為の積み重ねは、子どもやその家庭を支えたり、変化を促すための根幹となる重要な働き掛けであることをよく理解した上で実習に臨むようにしたい。

2　実践場面を捉えるために必要な視点

(1) 机上の学びとのつながり

　実習期間中は、自分の目で見て、聞いて、個別的・集団的な関わり合いを行う中から多くを学ぶことになる。その際に大切にしてほしい1つ目の視点が「保育実践からの気づき」であり、この「気づき」の枠組みを創る上で欠かせないのが、「知識」と「技能」、さらには「倫理観」にほかならない。それらがあるからこそ「誰のために」「何のために」「どういう実践をしているのか」、さらには「その行為を行う根拠（エビデンス）」が読み取れるようになり、「どういう実践が必要なのか」の道筋が立てられるようになる。

　後述するように、保育実習は「習得した教科全体の知識や技能を基礎とすること」が示されており、机上の学びを踏まえて、実践場面での行為の意味を読み解くことができるように、それまでの学びを実習に生かすことを前提としている。

(2)「相手から学ぶ」ということ

　2つ目の視点は「相手から学ぶ視点」である。子どもたちに対する自

らの実践から学ぶことも大切なことであるが、各自の思いや考えに基づいたオリジナルな形で実践する前に、まずは、職員の言動一つ一つに着目して、その中から支援者に必要な態度や姿勢等を考えてほしい。この繰り返しのなかで共通項的な構成要素や視点を抽出し、それらを生かしながら各自の関わり方を構築していくことで、基本や根拠に従った適切な関わり方に仕上げていけるものと思われる。

　一方で「子どもを主語」として関わりながら、対象者を理解する視点も忘れてはならない。その際の道標となるのが、「理解」を表す英単語である「under-stand『下に立つ』」の視点であり、「この姿勢こそ、お互いを理解することの基本となるもの」[本田、1992]である。本田哲郎（1942年～）は、相手のこと理解するためには、相手よりも下に立ち、教えてほしいという姿勢で関わることの重要性を説いているが、これはとっぴなことではなく、実は、保育場面でも同様の視点に立った関わりを目にすることは多い。砂場遊びを例にしても、山を作り、水を流し、トンネルを掘り…。ある程度の年齢であれば、何を作ろうとしているのかは分かるはずだが、そのような場面を捉えて、あえて保育士は、子どもたちに「何を作っているの？」「次はどうするの？」「これはどうしたら良い？」等と問う場面は少なくない。これらの関わりは、子どもたちの世界観を理解するために保育士が行っている「相手を理解するための意図的な行為」によるものであり、子どもを主体（主語）としながら関わる態度や姿勢にほかならない。

　実習では、日常生活や遊びの場面を通して子どもたちと行動を共にすることも多くなる。そこでは「子どもから教えてもらう」経験も取り入れながら、相手から学ぶ視点や、その重要性を学んできてほしい。

第2節　実習の位置づけ

1　実習の目的と目標

　保育実習は、「保育実習Ⅰ（保育所実習2単位・施設実習2単位）」に続いて「保育実習Ⅱ（保育所実習2単位）」および「保育実習Ⅲ（施設実習2単位）」が選択必修科目として設定されており、その目的は「習得した教科全体の知識、技能を基礎とし、これらを総合的に実践する応用能力を養うため、児童に対する理解を通じて保育の理論と実践の関係について習熟させること」［厚生労働省、2015］にあることが示されている（**図表6-1**）。

　現在のカリキュラムにおいて、実習とその他の教科の関係は、修得した知識・技能を基礎として総合的に実践するという直線的な因果関係で結ばれるものではなく、一方で、養成の総仕上げとして実習が位置付けられているものでもなく、実習および実習指導と教科目との往還によっ

図表6-1　実習の目標

■ 保育実習Ⅰ

［目標］
1. 保育所、児童福祉施設等の役割や機能を具体的に理解する。
2. 観察や子どもとのかかわりを通して子どもへの理解を深める。
3. 既習の教科の内容を踏まえ、子どもの保育及び保護者への支援について総合的に学ぶ。
4. 保育の計画、観察、記録及び自己評価等について具体的に理解する。
5. 保育士の業務内容や職業倫理について具体的に学ぶ。

■ 保育実習Ⅲ

［目標］
1. 児童福祉施設等（保育所以外）の役割や機能について実践を通して、理解を深める。
2. 家庭と地域の生活実態にふれて、児童家庭福祉及び社会的養護に対する理解をもとに、保護者支援、家庭支援のための知識、技術、判断力を養う。
3. 保育士の業務内容や職業倫理について具体的な実践に結びつけて理解する。
4. 保育士としての自己の課題を明確化する。

出典：［厚生労働省雇用均等・児童家庭局長通知、2015］

て専門性を獲得していくものになっている［全国保育士養成協議会ほか、2017］。すなわち、「講義や演習を通しての専門知識及び技術の習得」「保育者としての価値や倫理を基にした実習学習」「理論と実践をつなぐための事後学習」は、互いが行き来しながら学びを深めていくという連続性や発展性を意識した学習計画として設定されている。

実習で設定する目標や課題、さらに学習内容そのものは**図表6-1**に示す実習ごとの目標（学習の枠組み）が基本となるが、このような学習計画が前提にあるとすれば、実習の内容は万人に共通のものでなく、実習に出る段階の各学生の学習段階（習得内容）によって考慮していく必要があると思われる。このあたりについては、各養成校の実習担当教員から適切な指導を受けて、目標や内容が飛躍することがないように留意しながら、実習が効果的な学習機会となるように準備（事前学習等）を進めていきたい。

2 実習の段階

実習の前には、配属される施設の概要について、「児童福祉法」や「児童福祉施設の設備及び運営に関する基準」等を基に法的・制度的な位置づけを整理しておくことに留まらず、そこで働く職種やその専門性、配属施設の対象者のニーズや特性、利用手続きの方法等についても調べておく必要がある。とりわけ、近年の傾向からは、被虐待児童や知的障害・発達障害をはじめとする障害を抱える児童の増加等に伴う対応方法（家庭支援等を含む）に関する知識が必要になることも多い。

ミニマムスタンダード［全国社会福祉協議会ほか：2017］を参考にすれば、このような実習前の事前学習を基にしながら、施設実習では、特に「個々の対象者の行動上の特徴やその背景」「その利用者に対する支援の方法」に視点を向けるなかで、①施設の理解、②利用者の理解、③自身の専門性の向上を実習課題に掲げて取り組み、段階的に学びを深めていくことになる（**図表6-2**）。

図表6-2　実習段階ごとの学習内容（例：保育実習Ⅰ）

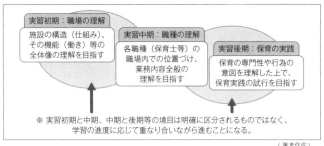

(筆者作成)

(1) 実習初期：職場の理解

　実習初期の段階は、生活・指導場面を共にするなかで、施設の役割や仕組み、機能等について学び、職場への理解を深める段階である。ここでは、実習施設の建物・設備・環境を見学したり、子どもや職員の施設内での様子から学びを深める「見学実習」や、子どもと保育士のやりとり等の観察を通して支援の実際を学ぶ「観察実習」が主となる。この時、各場面では、実習生は子どもたちとの関わりを通して観察等を行うことが多くなるが、実際に観察だけに徹することは避けるべきである。むしろ、関係づくり（コミュニケーション）は、その後の参加実習等（実習中期以降）の円滑な実施につながるため、積極的に行っていきたい。

(2) 実習中期：職種の理解

　実習中期には、観察実習等で理解したことを基盤として、施設で働く職員の補助者的な位置づけで実際の仕事内容を学ぶ「参加実習」の段階に入る。ここでは、保育士の行為の意図や働き掛けの具体的な方法・手段等を学ぶ一方で、場面の流れも把握できてきた頃合いということもあって実習生が主体的に行う内容・場面も多くなるが、保育士以外の職種（児童指導員や家庭支援専門相談員等）との協働の姿や、可能であれば施設外での協議の場等における保育士の姿等にも着目していきたい。

　このように、さまざまな職種への理解や、実習前期で得られた情報を

合わせて考える機会を持つことで、保育士の職務内容に限らず、チーム（組織）としての支援に関する学びが深められていくことになる。

(3) 実習後期：保育の実践

実習初期・実習中期における経験の後に、実習後期を迎えていくことになる。ここでは、それまでの関わりを通して子どもの自立（個別）支援計画に対する理解を深めたり、計画に基づく諸活動や具体的な支援に携わるなかで、心身の状態に応じた対応や、子どもの生活環境の設定方法等、施設での支援の全体像を学んでいく。

このとき、保育所実習の責任実習とは異なり、施設の1日のすべての過程を展開することが理想ではあっても、現実的には時間や人的・場面的な制約もあって実現が難しい。この点ついては、実習後期、あるいは期間全体を通して総括的な視点から分析を重ねる経験やスーパービジョンを受けるなかで、さまざまな情報を基に支援を立体的に捉えられるような力を養っていきたい。

第3節　施設内外の実践場面を通しての専門性の理解

ここまで、施設実習に関して、その位置づけや学習内容等を焦点としてその意義（学びの意味や必要性等）を述べてきた。実習は、支援の具体的なあり方を学ぶ機会であることは既に述べてきた通りであるが、その職務内容は多岐にわたっており、相談機能や、地域や関係機関との連携が重視される昨今の状況のなかでは、保育士にはソーシャルワークの知識・技術を生かした支援を展開することが求められている。

伝えたいのは、保育士の職務は、個人に対する直接的な支援にとどまらず、子どもや家庭、さらには地域が抱える課題に対するより強固な体制をつくるための、子ども家庭相談体制づくりへのアプローチ等も含まれるということである。その中にあって、実習では、自治体のネット

ワーク会議への参加や連携ケース会議に参加するなかで、保育士の専門的な視点が生かされている場面に立ち会うだけでも、その経験は実習生にとってさまざまな発見を得る機会になるであろう。

　施設実習は「おおむね10日間」からなるという時間的制約や、受け入れ先の事情等があるなかでは施設外の活動まで触れることが難しいことは承知の上ではあるが、このような視点から「地域や関係機関等との連携等」を捉えて実習プログラムを組み立てていくことで、保育士の専門性や、その職務の奥深さを感じる機会としていけるものと推察する。

【引用・参考文献】

　　河邉貴子・鈴木隆編著『保育・教育実習―フィールドで学ぼう』同文書院、2006年

　　新保育士養成講座編纂委員会編『保育実習〔改訂版〕』(新保育士養成講座編纂委員会第9巻) 全国社会福祉協議会、2015年

　　全国保育士養成協議会・保育実習指導のミニマムスタンダード編集委員会編集『保育実習指導のミニマムスタンダード』一般社団法人全国保育士養成協議会、2017年

　　福山和女「相談援助技術概論」日本社会福祉士養成校協会編『相談援助演習教員テキスト〔第2版〕』中央法規出版、2015年、P.32

　　本田哲郎『小さくされた者の側に立つ神　続』新世社、1992年

　　厚生労働省雇用均等・児童家庭局長通知「指定保育士養成施設の指定及び運営の基準について (別紙2) 保育実習実施基準」(雇児発0331第29号) 2015年　〈http://www.mhlw.go.jp/file/06-Seisakujouhou-11900000-Koyoukintoujidoukateikyoku/0000108972.pdf〉(2017.12.28最終アクセス)

（隣谷正範）

第7章　施設実習の場所
── 児童福祉施設の概要

第1節　児童福祉施設の種類と設置および運営

1　児童福祉施設の種類

　児童福祉施設は、児童福祉法第7条で規定されていて12種類あり、児童やその保護者等に適切な環境を提供し、養育、保護、訓練、育成等のサービスを通して児童の福祉を図る施設である。児童福祉施設は保護者や児童の自由意思により利用できる施設と、市町村などの行政機関による入所措置やサービス実施の決定を必要とする施設とに分けられる。そして措置施設はさらに、通所型と入所型とに分類することができる。施設の種類、種別（社会福祉法での第1種もしくは第2種社会福祉事業の区別）、また施設の目的および対象者は**図表7-1**のとおりである。

2　児童福祉施設の設置および運営

(1) 児童福祉施設の設置

　児童福祉施設のうち国が設置しているものには、児童自立支援施設と障害児入所施設とがある。都道府県が設置しなければならない児童福祉施設は、児童自立支援施設である。

　指定都市・中核市以外の市町村は、都道府県知事に届け出て児童福祉施設を設置することができる。また、国・都道府県・市町村以外の法人等が児童福祉施設を設置する場合は、都道府県知事の認可を受けなければならないとされている。

図表7-1 児童福祉施設の種類

施設の種類、種別	施設の目的および対象者
1、助産施設（第36条）第2種	保健上必要があるにもかかわらず経済的理由により入院助産を受けることができない妊産婦を入所させて、助産を受けさせること。
2、乳児院（第37条）第1種	乳児（保健上、安定した生活環境の確保その他の理由により特に必要のある場合には、幼児を含む）を入院させて、これを養育し、あわせて退院したものについて相談その他の援助を行うこと。
3、母子生活支援施設、（第38条）第1種	配偶者のない女子またはこれに準ずる事情に合う女子およびその者の監護すべき児童を入所させて、これらの者を保護するとともに、これらの者の自立の促進のためにその生活を支援し、あわせて退所したものについて相談その他の援助を行うこと。
4、保育所、（第39条）第2種	日々保護者の委託を受けて、保育を必要とするその乳児又は幼児を保育すること。
5、幼保連携型認定こども園 ※第2条、第2種	子どもの健やかな成長が図られるよう適当な環境を与えて、その心身の発達を助長するとともに、保護者に対する子育ての支援を行うこと
6、児童厚生（第40条）(1) 児童館 (2) 児童遊園 第2種	保護者のない児童（乳児を除く、ただし、安定した生活環境の確保その他の理由により特に必要のある場合には、乳児を含む）虐待されている児童その他環境上養護を必要とする児童を入所させて、これを養護し、あわせて退所した者に対する相談その他の自立のための援助を行うこと。
7、児童養護施設（第41条）第1種	保護者のない児童（乳児を除く、ただし、安定した生活環境の確保その他の理由により特に必要のある場合には、乳児を含む）虐待されている児童その他環境上養護を必要とする児童を入所させて、これを養護し、あわせて退所した者に対する相談その他の自立のための援助を行うこと。
8、障害児入所施設（第42条）第1種	福祉型障害児入所施設と医療型障害児入所施設に区分され、障害児を入所させて、保護、日常生活の指導及び独立生活に必要な知識技能を与えること。医療型施設においては治療も行うこと。
9、児童発達支援センター（第43条）第2種	福祉型児童発達支援センターと医療型児童発達支援センターに区分され、障害児を日々保護者のもとから通わせて、日常生活における基本的動作の指導、独立自活に必要な知識技能を付与又は集団生活への適応のための訓練を行う。医療型センターにおいては治療も行うこと。
10、情緒障害児短期治療施設（第43条の2）第1種	軽度の情緒障害を有する児童短期間入所させ、または保護者のもとから通わせて、その情緒障害を治し、あわせて退所した者について相談その他の援助を行うこと。
11、児童自立支援施設（第44条）第1種	不良行為をなし、またはなすおそれのある児童および家庭環境その他の環境上の理由により生活指導等を要する児童を入所させ、または保護者のもとから通わせて、個々の児童の状況に応じて必要な指導を行い、その自立を支援すること。
12、児童家庭支援センター、（第44条の2）第2種	地域の児童の福祉に関する各般の問題につき、児童に関する家庭その他からの相談のうち、専門的な知識をおよび技術を必要とするものに応じ、必要な助言を行うとともに、市町村の求めに応じ、技術的助言その他必要な援助を行うほか、保護を要する児童またはその保護者に対する指導を行い、あわせて児童相談所、児童福祉施設等との連絡調整等を総合的に行い、地域の児童、家庭の福祉の向上を図ること。

表中の( )内は児童福祉法の該当条項を表す　　※第2条：認定こども園法第2条を指す　　（筆者作成）

(2) 児童福祉施設の運営

児童福祉施設の運営は、利用している児童の健やかな成長と発達および権利を保障し、保護や自立支援、指導等が適正に行えるものでなければならない。それゆえ、「児童福祉施設の設備及び運営に関する基準」（都道府県による条例）が定められている。知事による監査はこの基準が守られるように実施され、遵守されない場合は、施設の設置者に対し改善勧告や改善命令、業務停止命令等が出されることになるのである。

第2節　実習施設の概要

施設における保育実習先となる児童福祉施設としては、①乳児院、②母子生活支援施設、③養護施設、④児童自立支援施設の4種類のいわゆる養護系施設があり、そしてさらに、⑤障害児入所施設（福祉型および医療型）、⑥児童発達支援センター、⑦情緒障害児短期治療施設の3種類の障害系施設と呼ばれている各施設がある。

1　養護系の施設の概要

(1) 乳児院

①乳児院とは

家庭での養育がさまざまな理由で困難になった乳幼児が入所していて、子どもにとって家庭に代わる場、日々生活する場であるといえる。

②どんな職員がいる？

医師（嘱託医を含む）、看護師、栄養士および調理員、家庭支援専門相談員、個別対応職員が必置職員である。看護師は、保育士または児童指導員に換えることができる。心理療法担当職員も配置されている。

③利用者の状況、他について

生後すぐの新生児から2歳くらいの乳幼児が生活している。必要により5～6歳の就学前の幼児が利用することも可能となった。

図表7-2　乳児院のディリープログラム例

生活の流れ・日課	6 (授乳)	7 起床 着替え	8 検温 健康チェック	9 朝食 授乳 排泄	10 受診（通院）	11 保育（外気浴 他）	12 自由遊び	13 昼食 授乳 排泄	14 午睡	15 着替え 検温	16 おやつ 授乳 排泄	17 保育（体操 他）	18 自由遊び	19 入浴 着替え	20 夕食 授乳 排泄	他	保育（個別保育）	自由遊び	就寝

（筆者作成）

(2) 母子生活支援施設

①母子生活支援施設とは

母子家庭の母親とその子どもを保護して自立に向けての生活支援をすること、そして退所した母親への支援等も行っている。

②どんな職員がいる？

母子支援員、少年指導員、保育士、嘱託医、が必置職員である。個別対応職員や心理療法担当職員も配置されている。

③利用者の状況、他について

最近では配偶者による暴力からの逃避を理由に入所するケースが増えている。DV被害からの緊急一時保護委託、ショートスティの利用も多く専門性の高い支援がますます求められている。

図表7-3　母子生活支援施設のディリープログラム例

生活の流れ・日課	6	7 母親出勤	8 学校登校（見送り）	9 保育（未就学児）	10 自由遊び	11	12 昼食	13 午睡	14 おやつ・自由時間	15 学童帰園・学習	16 間食	17 母親・幼児帰宅	18 各部屋へ	19 保育（夜間保育）	20	21 （職員）	施設内巡回

（筆者作成）

(3) 児童養護施設

①児童養護施設とは

さまざまな理由により家庭で生活できない子どもを受け入れて家庭に代わる生活の場を提供し、子どもたち同士や職員との交流、そしてさま

ざまな生活経験を通して自立を促していく施設。

②どんな職員がいる？

児童指導員、保育士、嘱託医、個別対応職員、家庭支援専門相談員、栄養士および調理員が必置職員である。心理療法担当職員（心理療法を必要とする児童が10人以上の場合）も配置されている。

③利用者の状況、他について

最近では虐待を理由に入所するケースが増えている。厚生労働省の平成25年の調査では約38％の子どもが虐待理由の入所である。およそ12人以下の集団で子どもたちが暮らす小舎制の導入が進んできている。

図表7-4　児童養護施設のディリープログラム例

生活の流れ・日課	6	7	8	9	10	11	12	13	14	15	16	17	18	19	20	21
	起床 着替え 洗面	朝食 学校登校	幼稚園児登園	保育（未就園児）	自由遊び		昼食	午睡	おやつ	幼稚園児帰寮	学童帰寮 学習	自由遊び	夕食	入浴	学習 自由時間	未就学児就寝 学童以上就寝

(筆者作成)

(4) 児童自立支援施設

①児童自立支援施設とは

非行や不良行為などの問題行動のため、家庭や学校等で、生活する上で困難を生じた子どもが利用し、問題行動の改善と自立を目的とする施設。

②どんな職員がいる？

児童自立支援専門員、児童生活支援員、栄養士、調理員、嘱託医、家庭支援専門相談員、個別対応職員が置かれる。

③利用者の状況、他について

児童相談所の措置による18歳未満の子どもたちが利用しているが、家庭裁判所の決定による入所も増えている。実態として入所者は中学生がほとんどを占めていて、中学校卒業後の自立支援が課題となっている。

図表7-5　児童自立支援施設のディリープログラム例

	6	7	8	9	10	11	12	13	14	15	16	17	18	19	20	21	22
生活の流れ・日課	起床 挨拶	洗濯干し 布団干し 清掃	配食 朝食	登校準備 登校		授業を受ける		学習指導		下校 クラブ活動	帰寮	学習	配食 夕食	入浴 洗濯 おやつ	自由時間	日記 就寝準備	消灯

(筆者作成)

2 障害系施設

(5) 障害児入所施設（福祉型および医療型）

①障害児入所施設とは

障害のある児童を入所させて、保護すると共に日常生活の指導をし、独立生活に必要な知識技能を与えたり、治療したりすることを目的とする施設である。

②どんな職員がいる？

児童発達支援管理責任者、児童指導員、保育士、嘱託医、栄養士、調理員が必置である。施設の実情に応じて医師、看護師、言語聴覚士、作業療法士、臨床心理士等の専門性のより高い職員も配置されている。

③利用者の状況、他について

入所の理由としては保護者の養育力や障害理由が最も多く、ついで虐待や養育放棄、そして保護者の疾病や出産等が多い。最近では被虐待児や服薬管理を必要とする重複障害児の利用が増えている。

図表7-6　障害児入所施設のディリープログラム（知的障害児施設の例）

	6	7	8	9	10	11	12	13	14	15	16	17	18	19	20	21
生活の流れ・日課		起床 着替え 洗面	朝食 歯磨き	過ごす	プレイルーム等で 保育	自由遊び	昼食 歯磨き	散歩 入浴	おやつ		過ごす	プレイルーム等で	夕食 歯磨き	過ごす	プレイルーム等で	就寝

(筆者作成)

(6) 児童発達支援センター
①児童発達支援センターとは
　福祉型児童発達支援センターは施設の専門機能を生かし、通所利用の知的障害児への支援だけでなく地域の中核的な療育支援施設としての役割も担っている。医療型児童発達支援センターは主に肢体不自由児を通わせて訓練および治療をする施設で、医療法上での病院でもある。

②どんな職員がいる？
　医師、看護師、理学療法士、作業療法士、児童指導員、保育士、言語聴覚士が置かれていて、児童発達支援管理責任者や事務職員等もいる。

③利用者の状況、他について
　福祉型では発達に障害のある子どもを毎日通園させて、生活習慣等を身に付け将来できる限り社会に適応できるように支援している。医療型では保護者と共に通園し、一人ひとりの子どもの個別支援計画に基づいて訓練と治療に取り組んでいる。両型共に保育士を初めさまざまな専門職が連携協力しチームでの総合的アプローチとして療育に取り組んでいる。

図表7-7　児童発達支援センターのディリープログラム例

生活の流れ・日課	8	9	10	11	12	13	14	15	16	17
	バス内指導	登園	自由遊び	片付け 体操	クラスごとの活動	昼食	自由遊び	午睡	おやつ	降園	バス内指導

（筆者作成）

(7) 情緒障害児短期治療施設
①情緒障害児短期治療施設とは
　ひきこもり（不登校）や家庭内暴力、被虐待等の理由により心のケアを必要とする子どもを対象とした施設で、心理治療や生活指導、学習指導等を行っている。また家族、保護者に対する援助も行っている。

②どんな職員がいる？

心理療法担当職員、個別対応職員、家庭支援専門相談員、医師、看護師、教員、児童指導員、保育士等が、施設長や事務職員、栄養士や調理師等の総務的業務スタッフに加えて配置されている。

③利用者の状況、他について

不登校の子どもが以前は多かったが、最近では被虐待児の利用が増えている。また自閉症スペクトラムやＡＤＨＤ、ＬＤなどの発達障害児の入所も増えてきている。小学生から高校生までの子どもがほとんどで、多くの施設に分校や分級が設置され学習指導の場になっている。

図表7-8　情緒障害児短期治療施設のディリープログラム例

生活の流れ・日課	7	8	9	10	11	12	13	14	15	16	17	18	19	20	21	22
	起床　着替え　洗面	朝食　学校登校		午前中の学習		昼食	自由時間	午後の学習	下校　おやつ	学習　掃除　他	自由時間	夕食	入浴　自由時間	学習	就寝（学童以下）	就寝

（筆者作成）

【引用・参考文献】

吉田眞理編著『児童の福祉を支える〈演習〉社会的養護内容〔第2版〕』萌文書林、2011年

小木曽宏・宮本秀樹・鈴木崇之編著『よくわかる社会的養護内容』（やわらかアカデミズム・〈わかる〉シリーズ）ミネルヴァ書房、2012年

相澤仁・村井美紀編著『社会的養護内容』（基本保育シリーズ⑱）中央法規、2015年

（長谷秀揮）

第8章 施設実習の内容

第1節 施設実習の目標および内容

　保育実習については厚生労働省雇用均等・児童家庭局長通知により「指定保育士養成施設の指定および運営の基準について」（平成27年3月31日）が定められている。その中に記載されている保育実習Ⅰおよび保育実習Ⅲの目標や内容は以下のとおりである。

1 保育実習Ⅰ

＜目標＞
1. 保育所、児童福祉施設等の役割や機能を具体的に理解する。
2. 観察や子どもとのかかわりを通して子どもへの理解を深める。
3. 既習の教科の内容を踏まえ、子どもの保育および保護者への支援について総合的に学ぶ。
4. 保育の計画、観察、記録及び自己評価等について具体的に理解する。
5. 保育士の業務内容や職業倫理について具体的に学ぶ。

＜居住型児童福祉施設等及び障害児通所施設等における実習の内容＞
1. 施設の役割と機能
    (1) 施設の生活と一日の流れ
    (2) 施設の役割と機能
2. 子ども理解
    (1) 子どもの観察とその記録
    (2) 個々の状態に応じた援助やかかわり

出典：[指定保育士養成施設の指定および運営の基準について]

3. 養護内容・生活環境
　（1）計画に基づく活動や援助
　（2）子どもの心身の状態に応じた対応
　（3）子どもの活動と生活の環境
　（4）健康管理、安全対策の理解
4. 計画と記録
　（1）支援計画の理解と活用
　（2）記録に基づく省察・自己評価
5. 専門職としての保育士の役割と倫理
　（1）保育士の業務内容
　（2）職員間の役割分担や連携
　（3）保育士の役割と職業倫理

出典：[指定保育士養成施設の指定および運営の基準について]

2　保育実習 Ⅲ

＜目標＞
1. 児童福祉施設等（保育所以外）の役割や機能について実践を通して、理解を深める。
2. 家庭と地域の生活実態にふれて、児童家庭福祉及び社会的養護に対する理解をもとに、保護者支援、家庭支援のための知識、技術、判断力を養う。
3. 保育士の業務内容や職業倫理について具体的な実践に結びつけて理解する。
4. 保育士としての自己の課題を明確化する。

＜内容＞
1. 児童福祉施設等(保育所以外)の役割と機能
2. 施設における支援の実際
　（1）受容し、共感する態度
　（2）個人差や生活環境に伴う子どものニーズの把握と子ども理解
　（3）個別支援計画の作成と実践
　（4）子どもの家族への支援と対応
　（5）多様な専門職との連携
　（6）地域社会との連携
3. 保育士の多様な業務と職業倫理
4. 保育士としての自己課題の明確化

出典：[指定保育士養成施設の指定および運営の基準について]

第2節　施設実習の内容

　施設を生活の場としている利用者を支援する施設の保育士の仕事と、主に保護者の下から保育所に通う子どもを保育する保育所の保育士の仕事とは、その内容にも違いがある。施設で働く保育士の仕事は主に利用者の保育や療育、養護、生活、職業指導等による自立するための支援や家族への支援等である。そのため、施設で働く保育士は利用者の心身の発達に関する知識、福祉に関する知識、それらを基にした実践力が求められている。

　第1節に示された基準から考えると、施設実習の内容は以下のようになる。

1　施設について学ぶ

　まず、実習先について学ぶことが求められる。実習先が決定したら、施設の種類（乳児院、児童養護施設等）、施設の設置根拠法令や設備・職員等の配置基準の根拠法令等の法的位置づけ、利用者の具体的要件等について事前に調べておく。実習施設の職員配置と職員の業務内容、設置目的、施設の沿革、施設の運営理念・方針、利用者への援助内容等についてはオリエンテーション時に施設のパンフレットをいただいたり、直接施設の担当職員に伺ったりして理解しておく。

　次に一日の流れにも確認しておく。障害者支援施設の保育士を例にとると、朝は利用者を起こし身支度の援助をし、朝食の準備や片づけ、必要に応じて朝食の介助を行う。その後、作業がある場合は作業を一緒に行ったり、援助を行い、昼食の時間になったら準備や片づけ、必要に応じて昼食の介助を行う。午後は機能訓練の介助を行ったり、入浴介助を行い、夕食の時間になったら準備や片づけ、必要に応じて介助を行う。作業や機能訓練の他に、外出介助や娯楽の時間を一緒に過ごすことも求

められる。その後はおしゃべりをしたり、一緒にテレビを見たり、就寝までの時間をリラックスできるように配慮する。就寝前には排泄を促す（必要に応じて介助を行う）。利用者が就寝した後は業務日誌を書き、利用者の一日を振り返り記録しておく。また、見回りを行ったり、急な事態に対応できるようにしておきます。翌朝、出勤した職員に引継ぎを行います。この他に利用者の家族との連絡や面談、病院への付き添い、買い物や外出等の付き添い、学校に通う障がい児の場合は学校への送迎等利用者に関わることや施設内の会議や施設内外の研修等にも参加する。

2 利用者について知る

　施設実習の実習先は保育実習Ⅰでは乳児院、母子生活支援施設、障害児入所施設、児童発達支援センター（児童発達支援および医療型児童発達支援を行うものに限る）、障害者支援施設、指定障害福祉サービス事業所（生活介護、自立訓練、就労移行支援または就労継続支援を行うものに限る）、児童養護施設、情緒障害児短期治療施設、児童自立支援施設、児童相談所一時保護施設または独立行政法人国立重度知的障害者総合施設のぞみの園である。保育実習Ⅲでは児童厚生施設または児童発達支援センターその他社会福祉関係諸法令の規定に基づき設置されている施設であって保育実習を行う施設として適当と認められるもの（保育所および幼保連携型認定こども園並びに小規模保育A・B型および事業所内保育事業は除く）である。このように実習施設の種別も多岐にわたっているため、利用者もさまざまである。例えば、障害児入所施設、児童発達支援センター、障害者支援施設、指定障害福祉サービス事業所、独立行政法人国立重度知的障害者総合施設のぞみの園等、利用者に障害がある場合は障害（障害の特徴等）について理解しておくことが求められ、障害を知った上でその利用者に対して適切な援助ができるように心がけなくてはならない。

　また、利用者の年齢もさまざまである。乳児院、児童発達支援センター、児童養護施設、情緒障害児短期治療施設、児童自立支援施設、児

童相談所一時保護施設等の児童を対象とする施設もあれば、障害者支援施設等では自分より年上の利用者がいる場合もある。自分より年上の利用者がいる場合、目上の方であるということを忘れずに礼儀を持って接することを心がけなくてはならない。

　加えて、施設への入所の理由も異なる。乳児院や児童養護施設の主な入所理由としては保護者の失業や病気等の経済的理由、保護者の離婚や死亡、虐待等であり、保護者のなんらかの問題により入所を余儀なくされていることが多く、子供たちは心に傷を負っているケースが少なくない。その場合、保育士の愛情や丁寧な関わりにより、家庭的な生活を送ることが必要となる。障害がある利用者の場合、障害があることが入所の主な理由である。障害がある利用者の場合は障害を理解した上で機能訓練や就業訓練等を行い、社会の一員として自立した生活ができるよう援助を行うことも求められる。

3　施設における保育士の役割

　上記のことをまとめると、施設における保育士の役割は次のとおりである。
①利用者の援助・介助を行う
②利用者の生活環境を整備する
③利用者の保育・療育を行う
④障害のある利用者への援助
⑤情緒および行動に問題を抱えた利用者に対する心のケア等の援助
⑥利用者の保護者に対する援助
⑦退所した利用者やその家族に対するアフターケア
⑧地域の機関との連携を図る
⑨日誌や利用者の個別の記録、事務処理を行う

第3節　実習課題の設定

実習を有意義に進めるために、実習施設でなにを学ぶのか（目標）、実習施設でどのように学ぶのか（目標を達成するための具体的な方法等）を明確化しておく。

1　実習の目標

実習先を希望した理由や実習で学びたいことを記載する。

> ＜例＞
> 　最近、児童虐待のニュース等が多い。虐待や保護者の養育放棄により保護者と家庭で過ごすことが困難な子供たちが生活する児童養護施設とはどのような施設なのか、子供たちはどのような生活を送っているのか、保育士はどのような援助を行っているかを学びたいと思う。
> 　将来、障害者施設の保育士になることを希望しているため、障害者施設とはどのような施設なのか、障害に合わせた保育士の援助等を学びたいと思う。

2　実習の目標を達成するための具体的な方法

1項で挙げた実習の目標を達成するために自分自身がどうするかを具体的に記載する。

> ＜例＞
> ・1日の生活の流れを理解するとともに、施設の役割について知る。
> ・保育士の利用者との関わりを観察し、援助の方法について理解する。
> ・子供たちと積極的に関わり、一人ひとりの状況に応じた援助ができるようにする。
> ・利用者と積極的に関わり、障害の特徴や利用者に応じた援助を理解する。

第4節　実習における考察と反省

1　毎日の実習目標

　事前に設定した実習目標や実習課題の他に、毎日の実習目標を設定する。目標は実習の前日にその反省を踏まえて、設定しておくとよい。当日はこの実習目標を基に実習を行い、1日の実習が終わった後にその日の実習目標は達成できたのかなどの考察・反省する。

＜例＞
・施設の1日の生活の流れを理解する。
・利用者と積極的にコミュニケーションをとり、利用者の名前を覚える。
・職員の利用者への言葉がけを観察する。
・職員の仕事を観察し、施設保育士の役割と職務内容を知る。

2　考察・反省

　毎日の目標を踏まえ、自分の行動、利用者との関わり、職員との関わりはどうであったかを通して、その日の実習で感じたことや困ったこと、エピソード等を実習日誌に記載する。その際「○○○だからすごいと思った」「△△△のときにどうしたらよいか分からず困った」という日記や感想文のようになることは好ましくない。まず「なにがあったのか」事実を記載し、自分はどう感じたのか、なぜ困ったのか等を記載します。その上で、反省点（「なにができなかったのか」「なぜできなかったのか」「どうすればよかったのか」等）を考える。反省については職員の行動や言動も含め考える。そして、質問や疑問は何か、明日からの実習で試みたいこと（新たな目標や課題）を記載する。

＜例＞
・今日の反省を活かして、明日は子供たち一人ひとりの発達も踏まえた言葉がけを行えるようにしたいと思う。
・明日は時間に余裕を持って利用者一人ひとりの特徴を踏まえた対応ができるようにしたいと思う。

【引用・参考文献】

厚生労働省雇用均等・児童家庭局長「指定保育士養成施設の指定および運営の基準について（2016）」レポート　〈http://www.mhlw.go.jp/file/06-Seisakujouhou-11900000-Koyoukintoujidoukateikyoku/0000108972.pdf〉（2017.12.20最終アクセス）

林邦雄・谷田貝公昭監修、高橋弥生・小野友紀編著『保育実習』（保育者養成シリーズ）一藝社、2012年

（八幡眞由美）

第9章　実習日誌・記録の意義とその実際

第1節　実習日誌の意義

1　実習日誌とは

　実習日誌とは、実習施設の状況や環境の中で、保育の観察・参加・実践を通して子どもの姿や保育者の援助の方法を学び、理論と体験からの学びを整理して一日の記録として残すものである。

　実習体験の中で子どもの実態を知り、保育者と子どもの関わりやことばかけ・援助の方法を丁寧に記録していくために日誌がある。個人情報や守秘義務の観点からも、実習日誌の取り扱いには十分配慮が必要である。記入様式は養成校によって違いがある。

(1) 保育所（園）実習と実習日誌の関係

　保育は保育所保育指針、幼保連携型認定こども園教育・保育要領（平成30年4月1日施行）に基づいた各園の保育課程により年間計画が立てられ期間・月間の長期の計画から週間計画・日案などの短期の指導計画を作成し行われるものである。

　実習園がどのような理念や方針で保育を行っているのか、また、担当年齢児がどのような保育目標で生活しているのかを調べ把握して実習に臨む必要がある。

　その上で、配属クラスの担当指導者から目標やねらいに対する指導を受け、実習生として自身の保育のねらいや自己課題を明確にしていく。

実習日誌には、子どもの年齢や活動に応じた方法で丁寧に記録をしていく。保育実習Ⅱは保育実習Ⅰの振り返りをいかして、ねらいや目標も立てられるべきである。

(2) 施設実習と実習日誌の関係

保育実習Ⅰ・Ⅲで実習する施設の内容を調べ、実習の方法・日誌の記述事項や形式・記入の視点などパンフレットや資料、「各施設の実習における記入例」などを調べて事前に準備をしておく必要がある。

実習を行う際には、施設内の生活の流れを知り職務内容や特徴を理解して、その日の実習の目標を決める。職員と乳幼児・児童や利用者との関わりを通して日常生活の養護や支援を学び、自身の行動とその時の気付きや考察を記録する。保育実習Ⅰの振り返りを踏まえ、保育実習Ⅲの実習目標も深まっていく。

2 実習日誌の意義と保育者としてのステップアップ

日々の保育の中で、乳幼児や児童がどのような環境で過ごし影響を受けているのか、保育者の指導の意味や考察、子どもの育ち、自分自身の動きや反省などを整理して記録に残し、指導者からの助言を受け、日々の反省を改善しながら翌日につないでいく。このようにして子どもの理解や保育者の援助の意図が読み取れるようになっていくことに実習日誌の意義があり、さらなる新しい課題が明確になる。実習日誌は大切に保管し、実習後も読み返すことで自身の保育者としての資質向上の基盤ともなるのである。

第2節 実習日誌の内容とポイント

1 実習日誌を書くための準備

(1) 子どもの発達段階の特徴や特性を復習する。
(2) 提出する場合、鉛筆書きかボールペン書きかを確認しておく。

(3) 保育実習の場合、先生・保育者（士）・子ども・こども・施設実習の場合、職員・利用者など記入の仕方や保育用語を確認しておく。
(4) 修正の方法の確認（修正テープ可あるいは二重線と訂正印等）。
(5) 誤字脱字に注意し、曖昧な用語は必ず辞書を引いて調べる。
(6) 環境の構成図は丁寧に描く、また、文字の右上がりや右下がりに機をつける。ラインを引いて書く場合もあるが必ずラインは消しておく。
(7) 小さめのメモ用紙と筆記用具（安全への配慮が必要）。

2 実習日誌の記入内容

(1) **実習施設の概要**
施設名、施設長名、所在地、沿革、施設の方針や目標、職員組織、乳幼児や児童数、クラスや部屋編成、地域の状況、施設の見取り図などを記入。

(2) **実習の自己課題**
実習期間を通して実習生が学びたいことや目標（課題）などを記入。実習生カードに記入した実習の目標や自己課題と同じ内容となる。

(3) **日課表（デイリープログラム）**
施設の標準的な保育の流れを年齢別に記入。

(4) **保育実習計画**
実習月日、曜日、配属クラス、実習内容を記入。
部分実習や責任実習の日程を踏まえ、子どもたちの観察視点を絞っていくことが出来る。

(5) **日々の記録日誌**　（図表9-1、9-2）
①指導を受ける担当指導者印・主任印・所長（園長）印等の欄
②日付・天気・クラス名・在籍数・欠席数の記入
③担当指導者の保育のねらいや内容を把握して記入
④実習生自身の課題や実習の目標を設定

⑤時間の流れ＝活動内容の区切りごとに記入していく
⑥環境構成

　安全で心地よい環境の中で、適切に変化する環境を記録する。部屋の様子を図示したり、活動内容によって環境構成の図示が変化する。また、制作や折り紙などその手順を書くこともある。保育者は●子どもは○などで書く。環境構成の中の文字は簡潔に書く。

⑦子どもの活動

　保育の流れの中で全体で行動している様子と、視点を絞って個の活動に目を向けた記録を書く。活動の項目別に「○」を使い、個の動きとして「・」を使って書く。

⑧保育者の援助・留意点

　保育者の言動を羅列するのではなく、保育者の言動の中にある深い意図を考えて記入する。「・」の後に箇条書きをする。

⑨実習生の動き・気づき

　保育者を援助したり指示を受けたことを書くことから、次第に主体的に行動した記述を増やす。保育者として子どもと関わる中での言葉かけや援助の方法を考察して書く。「・」の後に箇条書きをする。

⑩一日の感想・反省

　基本的に子どもの名まえはイニシャルを用い実名は書かないが、実習先の指示に従うようにする。その日の実習生としてのねらいに対して感想や反省を行ったうえで、印象に残ったことや指導を受けたことを記入するが、同じ反省が繰り返されないように注意をする。

　また、良かった点もなぜ良かったのかも考察して記録をしておくと良い。

⑪指導者の所見

　指導を受けたこと、誤字脱字の指摘は必ず訂正・修正をして同じ

間違いを繰り返さないように十分注意をする。

(6) 実習を終えて　総括した感想や反省

実習期間を通して指導を受けたことによって、実習目標や自己課題がどのように達成されたかを振り返り記述する。また、実習によって得られた成果と自己課題についても記入し、実習後の目標を明確にしていく。

3　ポイント

(1) 初日までに

実習初日までには日誌の表紙・把握した園の概要など必要事項を丁寧に記入し、必ず自己課題を記入しておく。

(2) 実習中のメモ

オリエンテーション時に、実習中にメモを取ることが可能か確認をしておく。保育は流れている。メモに夢中になって子どもの姿や大切な保育者の言動を見逃すことにならないようポケットに単語カードのようなものを入れておき、素早く時間と要点を書く。乳幼児は鉛筆などのとがった芯は危険なのでポケットに入るくらいのケースに入れるなど十分注意をすること。

(3) 日誌記入のポイント

一日の流れをメモを基に思い出し、決められた欄に記入する。

乳児・1・2歳児、3歳児以上と子どもの年齢によって記入の仕方記入の視点が変化してくる場合があるので、事前に担当指導者から指導を受けておく。また乳児の場合は、睡眠やおむつ交換、授乳などポイントを絞って書く場合もある。

施設実習では実習先によって生活時間帯が大きく変わる場合もあるので、実習時間の把握・内容の確認をしっかりしておくことが大切である。

(4) 提出の際は

毎日担当指導者に提出するので、必ず用紙の両面に実習生氏名を忘れないように記入して提出する。

帰省先などが遠方の実習生は、最終日の日誌の提出および実習園からの日誌の返却については実習初日に確認をしておく。郵送で返却をお願いする場合は、受け取る場所の住所・自分の名前を記入したレターパックを初日に実習園に渡しておく。

4 実習日誌の記入時間

実習施設によっては、午睡や休憩時間に日誌を書く時間を確保することができ、実習施設で記入して提出する場合もあるが、ほとんどは実習後自宅で記入する。記入に時間がかかりすぎると睡眠が十分に取れず、翌日に影響してしまう場合がある。気力と体力を充実させて実習を続けるためにも、自分なりの時間調整と、その園の保育の流れや特徴を早く理解することが必要である。

第3節 実習記録日誌の実際

1 実習日誌記入の実際

図表9-1は、保育所2歳児クラス担当の日誌記入例。満1歳以上、満3歳未満の園児は、自我が形成され、自分の感情や気持ちに気づくようになる重要な時期である。事故防止に努めながら活動しやすい環境を整え、全身を使う遊びを行った記入例。

図表9-2は、幼児ホームの起床から朝食までの時間帯の記入例。

図表9-1　保育所2歳児クラス担当の日誌記入例

保　育　実　習　日　誌		7月11日（水）	天候　　晴れ	
ひよこ　組　　2歳児　15名 出席　12名　　欠席　3名		所（園）長印　　主　任　印　　指　導　者　印		
保育のねらい・内容		・友だちや保育教諭と関わりを楽しみながら遊ぶ ・新聞紙を使ってちぎる・破る・散らす・泳ぐ等様々な動きを楽しむ		
実習生のねらい		・笑顔で新聞紙遊びに参加し、2歳児なりの身体を使った表現や、反応を知る ・安全への配慮を進んで行い、聞き取りやすい言葉で伝える		
時間	環境構成	子どもの活動	保育者の援助・留意点	実習生の動き・気づき
8:30 9:00	・部屋の清掃 ・連絡帳入れ、トレーニングパンツなどの準備	・早朝保育の子が登ател ○順次登園（M・Y泣いて登園） ・朝の挨拶 ・健康視診を受ける ○排泄 ・おむつからトレーニングパンツに履き替える	・受け入れ保育士から子どもの状況の連絡や伝言を受ける。 ・体調や様子、表情の視診をしながら、保護者から話を聞く。 ・おむつからパンツの履き替えを伝え自分で履こうとする姿を見守り出来たら笑顔でほめる。 ・子どもの様子を見ながら気持ちよく排泄・手洗いができるように声をかけ援助する。	・M、Yに泣かれてしまっても笑顔で声をかけたり、スキンシップを取る。 ・おしぼりを洗い殺菌BOXに入れる ・着替えを受け取り整理棚に入れる ・汚れたおむつの始末を手早く行う ・パンツを上げることが出来ない子には途中まで手を添え励ます
	（座席図）	○すきな遊びをする ・おもちゃや布絵本で遊ぶ	・おもちゃの取り合いやかみつきに注意し全体を見ながら子どもたちと遊ぶ。 ・双方の話をきちんと聞いて受け止める。	・一生懸命話しかけてくる子には、うなずきながら相手をする。 ・静かでおとなしい子には、笑いかけたり、そっと手を添え話しかける。 ・おもちゃの取り合いには、どう言葉をかけたらいいか迷った。状況をよく見て他の保育教諭の関わり方を学ぶ
9:40 9:50	遊びのスペース	○片付けをする ○排泄・手洗い ○朝のあつまり ・すきなように座わる ・朝の挨拶をする ・名前を呼ばれたら手を挙げて返事をする ・糸まきの手あそびをする ・きらきら星を歌う	・片づけの場所をはっきり言葉と指さしで伝える。 ・挨拶のことばなどをはっきり、ゆっくり伝え、出席は一人一人笑顔で確認して視診を行う ・子どもの表現や発想を取り入れ糸まきで色々な物が作れる楽しさをわかりやすく表現する	・片付けをしない子の側で片付けの場所を再度はっきり伝えた ・子どもたちと一緒にはっきりした声で挨拶や手遊び、歌をうたう。 ・糸まきの手遊びは動作を大きくすると子どもたちが真似をした ・手遊びは子どもたちの前でする場合は左右の手が逆になるよう注意した。
10:00	（座席図）	○おやつを食べる ・おしぼりで手や顔を拭く ・ビスケットを食べ牛乳を飲む	・自分のおしぼりを選んでいるか確認する ・おやつのビスケットを1枚2枚といいながらお皿に入れる	・牛乳を飲ませられない子の確認をしておしぼり、おやつを配る。 ・使ったおしぼりの洗濯をする。
10:20		○絵本「だるまさんが」をみる ・絵本を見ながら話す	・子どもたちを遊びのスペースに誘導し「だるまさんが」の絵本を読む ・絵本をゆっくりめくり、ページごとに楽しめるようにする	・保育士が絵本を読んでいる間に机や椅子を片付ける。 ・新聞紙を間隔をあけて床に置く
10:30	新聞紙 15枚	○新聞紙で遊ぶ ・すきなように破ったりちぎったりして遊ぶ ・感触や音を楽しむ ・新聞紙を撒き散らして遊ぶ	・新聞紙を大きく破ってみせて音や破る動作の楽しさを伝える ・指先に力の入らない子は一緒に破りながら自分でできるように励ます	・子どもたちが床においた新聞紙の上に乗り、すべらないように注意する ・子どもたちが新聞紙をもっているか確認する

時間			
10:50	・ビニールプールを２つ間隔をあけて部屋の中央に置く ビニールプール：2	・ビニールプールに破った新聞を入れる 〇ビニールプールで泳いで遊ぶ	・ぶつかったり転んだりしないように注意し身体全体で遊べるよう声をかける ・小さな新聞も残さずプールにいれるように子どもと一緒に活動する ・保育士も楽しそうに泳いだり新聞をかけたりする	・破ったりちぎったりすることに抵抗のある子の側に行き一緒に破る ・子ども同士の間隔に注意する ・楽しい気持ちを共有して思いきり撒き散らして子どもと共に喜ぶ ・プールの中に入っている子どもに新聞をかける

(筆者作成)

図表9-2　施設実習の幼児ホームの日誌記入例

施　設　実　習　日　誌　　　　6月5日（火）　　天候　晴れ

担当グループ　幼児ホーム（宿泊）　　施設長印　　指導者印　　指導者印
　　　　　　さくら　6名
実習のねらい　・児童養護施設の子どもの気持ちの受容の仕方について学び、丁寧にかかわる

時間	施設利用者の活動	保育者の援助・留意点	実習生の動き・気づき
6:00	〇起床 〇排泄・手洗い ・布団をたためる子はたたむ ・着替えをする（自分で服を選び着替える） ・検温をする	・部屋の窓を開け換気をする。 ・トイレに行くように声をかけ、まだよく目覚めていない子の様子に気を付ける。 ・体調を見て検温し、着替えの服が適切か声をかけたり、アドバイスをする。	・幼児ホームの窓を開け朝挨拶をしながら子どもを起こす。 ・布団がたためる子には声をかけ、一緒に布団を片付ける ・夜尿があった場合は布団とシーツを洗濯室に運ぶ
6:20	〇掃除 ・さくらグループの当番の場所をしっかり掃除する 〇手洗い・消毒 ・幼稚園児は自分の場所に座り配膳を待つ	・清掃当番の場所をはっきりした言葉で伝えて確認し、一緒に活動する。 ・子どもの様子を観察し、ほめたり励ましたりする。 ・手洗い消毒を促し、幼稚園児から決められた場所に座る様に伝える。	・掃除の様子から最後の片づけまで見守り声をかける。 ・台を拭き手際よく配膳をする。 ・幼稚園児が戸惑っていたので手を引いて誘導する。
6:40	〇朝食準備 ・小学生は順番に茶碗やお皿に食べ物を入れ、幼稚園児の座っている場所に運ぶ ・静かに全員が準備出来るまで待つ 〇朝食 ・挨拶をしっかりする	・トレーをしっかり持ち、適切な量を入れるように声をかける。 ・除去食などの確認を行い子どもたちのトレーを見て回る。 ・家庭的な雰囲気の中で食事ができるようにしながら、食事の進み具合を観察する。	・朝食の場所にすわっているか確認し、子どもたちの様子を見ながら、除去食などに注意して担当職員に確認をしてもらう。 ・ご飯と汁の場所の確認をする。 ・挨拶を大きな声でする

(筆者作成)

【引用・参考文献】

開仁志編著『実習日誌の書き方』一藝社、2012年

松本峯雄監修『幼稚園・保育所実習』萌文書林、2015年

守巧・小櫃智子著『施設実習パーフェクトガイド』わかば社、2016年

無藤隆著『3法令改訂（定）の要点とこれからの保育』チャイルド社、2017年

吉田美恵子「保育センスを理論化する保育記録の方法と活用」『長崎短期大学研究紀要』2016年、P20-21

（吉田美恵子）

第10章 指導案の作成

第1節 指導案を書こう

1 指導案の位置づけ

(1) 保育の計画が「指導案」

　保育所実習では、保育を観察することから始まるが、実習が進むと指導案を作成して、保育の一部を実践する。終わりに全日保育を行う。

　では、指導案とは保育の中でどのような位置づけにあるのだろうか。

　2018年度（平成30年度）から施行される幼稚園教育要領、保育所保育指針、幼保連携型認定こども園教育・保育要領では、幼稚園、保育所、幼保連携型認定子ども園の3施設は、ともに小学校入学前までに共通する子どもの姿に向かって教育・保育を行うことになっている。

　図表10-1に示すように、それぞれの施設では、「教育課程」「全体的な計画」で保育施設としての理念や目標、学年の目標や年齢ごとの子どもの姿を明確にする。それを基に「年間指導計画」「期間計画」（3、4カ月ごと）、「月間計画（月案）」を作成してより具体化していく。さらに「週間指導計画（週案）」「日案」で子どもの興味・関心や友達関係、天気の影響なども考慮し、より実態に即した保育を行う。

(2) 指導案の意味

　なぜ、指導案を書くのか、どんな意味があるだろう。

図表10-1　保育計画の関係

幼稚園	保育所	認定こども園
幼稚園教育要領	保育所保育指針	幼保連携型認定こども園 教育保育要領
育みたい資質・能力		
知識・技能の基礎	思考力・判断力・表現力等の基礎	学びに向かう力・人間性等
幼児期の終わりまでに育ってほしい姿		
ア　健康な心と体	イ　自立心	ウ　協同性
エ　道徳性・規範意識の芽生え	オ　社会生活との関わり	カ　思考力の芽生え
キ　自然との関わり・生命尊重	ク　数量・図形・文字根の関心・感覚	ケ　言葉による伝え合い
コ　豊かな感性と表現		

↓

教育課程	全体的な計画	全体的な計画

↓

年　間　指　導　計　画
期　間　計　画
月　間　計　画　（月　案）

↓

週　案
デイリープログラム（日課表）
日案【全日指導案】・日案のうちの一部【部分指導案】

(筆者作成)

①指導案が、保育のねらいをはっきりさせる。

　指導案を書くと、漠然としているねらいがはっきりする。自分の子どもの捉え、環境構成、援助の仕方などを決めていくので、自信をもって子どもの前に立つより所となる。

②指導案で、適切な指導・助言を受ける。

　自分の思いを形にした指導案を事前に指導者に見てもらい、イメージを共有して適切な指導や助言を受けることができる。一人では気づかなかった点を修正でき、より良い保育につながる。

③評価を次の保育に生かす。

　指導案を見返して自分の実践を反省する。また、実習指導者の指導を受けて、保育の方法や支援の方法など保育を客観的に見直すことができ、

保育を改善し、保育の力を高める財産となる。

2 指導案を立てるには

(1) 指導案作成の手順と内容

① 「子どもの姿」を捉え、「保育者の願い」を持つ

まずは、子どもの行動や会話の事実から客観的に見ること、以下のような視点をもって多面的に見ることで子どもの姿をとらえる。

- **全体的な視点**：クラスの雰囲気、まとまり、活発さ、話を聞く態度など集団として見たときの子ども達の様子
- **個別的な視点**：リーダー的、おとなしい、優しい、動きが多いなど一人ひとりの特徴
- **養護の視点**：基本的生活習慣、健康面、疲労度、衛生や安全面、落ち着きや不安感など心身の状態
- **遊びの視点**：好きな遊び（外遊び・内遊び）、遊びのグループ（大勢・少人数・一人）、仲間に入れる・友達を誘うなど
- **言葉や表現の視点**：使っている言葉、コミュニケーションの取り方、歌・絵・制作などの表現方法

↓

② 「子どもの姿＋保育者の願い」から「ねらい」を決める

次に、「ねらい」どのように育ってほしいかを書く。以下のような順序で考えて「（子どもが）〜する（ようになる）」と表記する。

- だれと（対象となる範囲）
  　例えば、自分で・一人ひとり・友達と・みんなで・保育者となど
- どのように（レベル）
  　例えば、言葉を交わしながら・繰り返し挑戦し・工夫して・進んで・分かるように・力を合わせ・気を付けて・のびのびとなど
- 何を（養護・5領域）
  　例えば、園生活を・発見を・充実感を・楽しさを・興味を・思ったこ

とを・言葉を・行動の仕方を・経験したことを・挨拶をなど
・どうする
　　例えば、触れ合う・親しむ・気づく・伝え合う・取り組む・試す・見いだす・表現する・協力する・やり遂げる・大切にするなど

③「内容」を具体的に決める

「内容」には、具体的な活動を通して、総合的に指導され、子どもが経験する中で育つ望ましい姿を書く。

　・具体的な活動　＋　活動のポイント　＋　子どもの内面・経験
　　例　サッカーを通して　＋　ルールの必要性に　＋　気づく
　　例　砂場遊びの中で　＋　砂や水の手触りを　＋　感じる

④「環境の構成」を工夫する

　　子どもが自分から進んで取り組みたくなるような環境を、次の視点で考えてみる。
　・**物的環境**　遊具、道具、素材などについて、何を・どこに・どのように・どれだけ置くか。
　・**人的環境**　保育者の立ち位置、子どもの座り方、子どもの動線
　・**自然的環境**　天候、生き物、植物など
　　これらについて活動ごとに構成し、時間配分をする。必要があれば図示すると分かりやすくなる。

⑤子どもの活動

　環境に関わって遊ぶ子どもの様子やどのように展開していくかを予想して、「（子どもが）〜する」という状態を表す文にする。
　・誰が、誰で　終わった子から、グループで、一人ずつなど
　・状態（どのように）　力を合わせて、静かに、最後までなど
　・具体的な活動（何を、何に）　砂場遊びを、片付けを、縄跳びに、話し合

いになど
・**行動** 取り組む、跳ぶ、待つ、聞く、作る、〜する、など
「楽しむ」というような内面を予想するのではないこと、行動は肯定的にとらえ、期待される行動を予想することに留意する。

↓

⑥保育者の援助
「ねらい」や「内容」が達成されるように、保育中に保育者が直接子どもに行う関わりを書く。作業や行動の速さの違い、発達の違い、けんかなどいろいろな場面を想定し、言葉かけや行動を考える。
　　いつ・どの遊びに　どうして　誰に　何を　どのように　どうする
　　例　折紙を丸く切るときSにハサミの使い方を手を添えて伝える。

(2) 施設実習におけるデイリープランと指導案

　保育所以外の児童福祉施設には、親の死亡や経済的な事情、不適切な養護などで入所している子どもたちがいる。心に深い傷を負ったり発達の困難を抱えたり、学業不振だったりする子どももいることから、職員は子どもを受容し寄り添って支援している。デイリープラン（日課表）に従って、実習生もレクリエーション活動・遊び・生活支援を行う。この場合には保育所実習での指導案の作成を参考にするとよい。。

第2節　保育実習指導案例

1　保育所実習指導案

　保育所には就学前の幼児が入所していることは幼稚園と、類似している。しかし、併せて乳児の保育も行っているので、乳児向けの指導案を作成することもある。乳児の発達に応じて個別的な指導案となろう。また、縦割り保育を取り入れているところもあるので、その場合は、年長

者と年下の双方のねらいや活動に留意した指導案が必要となる。

ここでは、5歳児がクラスで一緒に新しいダンスを楽しむ指導案を紹介する（**図表10-2**）。

2　施設実習指導案

施設実習は、乳児院、児童養護施設、児童発達支援センター、障害児入所施設などで行うため、指導の仕方も極めて多様であり、一括して述べることは難しい。実際に実習に行った中で指導の先生から、計画の立て方や様式などを教えてもらうことも多い。

図表10-2　ダンス

番号	×××××		氏名	○○○○
日時	10月20日（火）10：00～10：30		天気	晴れ
クラス	すみれ組（5歳児）男児10名　女児10名　合計20名		場所	遊戯室
子どもの姿	・運動会を終え、仲間意識をもって過ごしている ・問題が起きたとき解決できなかったり、遊びに飽きて抜ける子がいる ・いっしょに遊ぶ人数が増えている		ねらい	・相手の動きを感じながら、パートナーチェンジのあるフォークダンスを楽しむ ・クラスのつながりを感じる
内容	フォークダンス「ラウンドチェーン」		準備	・窓を開けて換気しておく ・カセットテープ（キーボード）

時間	環境構成	子どもの動き	援助及び留意点
10:00		・片づけた子どもからカラー帽をかぶって遊戯室へ集まる ・先生の話を聞く	・時間がかかりそうな子どもには、早めに声をかける
	カセットテープ （キーボード）	・二人組になりじゃんけんをする ・勝った子が前になり、先生の後をついて歩く ・赤と白の帽子の子が交互になるように、全員で一重円を作る	・勝ったら帽子を白にする
0:30	先生の前に集める	・二人向き合ってダンスする ・パートナーチェンジを楽しむ ・感想を話す	・初めはゆっくり踊ってみる ・最初のパートナーに会えた時の驚きや嬉しさに共感し、声を ・よかったことを伝え、子どものよさに気づかせる

古金悦子作成

例えば、乳児院は、生後間もなく入所するため、月齢によって食事、睡眠、遊び、おむつ交換の仕方などが異なる。具体的な世話だけでなく、乳児とコミュニケーションを図り、家族に代わって、保育者との信頼関係を築くことが大切である。

ここでは、乳児院でのおむつ交換の指導案を紹介する（**図表10-3**）。

児童福祉施設での実習では、保育所実習とは違って個別に支援することや職員のサポートに入ることが中心になることもある。その場合には、保育所のような形式の指導案を立てないことも多い。計画を立てる際には、指導する先生とのコミュニケーションを密に取ることが何よりも重要である。

図表10-3　乳児院オムツ交換

名前	○○○○		天気	晴れ
日時	9月7日（金）9:00～9:10		場所	トイレ
対象児 A男児（8か月）	・保育士の声かけに目を合わせて聞いている ・ハイハイができる・つかまり立ちを支えると喜ぶ			
ねらい	・おむつ交換後の気持ちよさを感じる ・自分でできる体の動きを進んでする			
内容	・おむつ交換に誘って、トイレでおむつ交換をする ・保育士と声や表情でコミュニケーションをとる			

時間	環境の構成	子どもの活動	保育士の援助
9:00	・トイレ内のおむつやバケツなどを確認しておく	・名前を呼ばれて振り向く ・進む方を見る ・保育士を見ながら、自分で足を上げる ・足を上げておむつを敷きやすくする	・顔を見てトイレに誘う ・抱き上げて話しかける ・何をするかを伝えながらおむつを外す ・新しいおむつを付けるとき「気持ちいいね」と話しかける
	・所定の場所に汚れたおむつを始末し、手を洗う	・ズボンを見る ・保育士の指を握って立つ	・ズボンを見せて、はかせやすいように準備する ・さっぱりしたことを伝える ・つかまり立ちを支える
9:10		・進む方を見る	・保育室へ抱いていく

筆者作成

【引用・参考文献】

田中亨胤監修、山本淳子編著『実習の記録と指導案―0～5歳児年齢別実習完全サポート― 記入に役立つ保育がわかる―部分実習指導案と連動した遊びつき』ひかりのくに、2011年

開仁志 編著『保育指導案大百科事典』一藝社、2012年

山崎喜代子・古野愛子編者「保育実習ガイドブック」ミネルヴァ書房、2017年

谷田貝公昭・石橋哲成監修、高橋弥生・大沢裕編著『教育・保育課程論』(コンパクト版保育者養成シリーズ) 一藝社、2017年

御茶ノ水女子大学子ども発達教育センター小金井園舎「幼児教育ハンドブックの概要と解説」〈http://www.ocha.ac.jp/intl/cwed_old/eccd/symposium_seminer/sympo2003/muto(handbook).pdf〉(2018.1.15最終確認)

(野川智子)

第11章 実習に向けての準備

第1節 事前に確認しておくべきこと

　実習において実習生が最も行うべきではないこと、防がなくてはいけないことは、時間に遅れる、欠席する、早退する、という出席日数に関する点である。この点に関してはあまりにも基本的なことで、当たり前すぎる注意事項ではあるが、もっとも大切なポイントであるためにあえて記しておきたい。

　実際に保育の現場において一番保育所・幼稚園が困ることとは、保育者が遅刻・欠席することであり、それは実習生においても同じように当てはまる。子どもたちのためにも、他の保育者に迷惑をかけることを防ぐためにも、時間を厳守して出勤し、途中で早退することのないように心がけたい。また実習園の立地条件によっては通勤路が渋滞したり、夜には暗くなり危険な場所となることもある。どのような場合にも実習が始まってから戸惑うことのないように、しっかりと周囲の状況や環境も把握しておきたい。

　また実習園までの交通機関や経路をしっかりと確認し、道に迷ったり、万一、交通機関などの不具合が生じた場合でも対応が取れるように、しっかりと対策しておくことが肝要となる。そのためにも実習が始まる前には、予行練習として実際の実習の時間と同じ時間帯（朝の通勤時間や、退勤時間など）に、実際の経路を使用し必要な時間、混雑具合、道路状況等の確認をしっかりと行い、実習が始まった後には遅刻等の原因

にならないように心がけておくべきである。

　もう一点、事前に準備・確認しておくことで肝要なことは、各自の健康管理である。実習期間の前には各自が心身ともに健康であるように、健全な日々の生活を心掛け、実習期間に向けて万全な体調を整えておくべきことは言うまでもない。遅刻・早退・欠席の内容に、実習に向けて各自が健康の調整を行うことはもちろんだが、常備薬などが必要な学生は必ずその旨を先方の保育施設にあらかじめ申し出て事情を説明し、（保育中の服用が必要な場合などは特に）実習中に足りなくなってしまうことのないように、多めに準備しておくとも大切である。実習にとって必要なことは、子どもとの保育生活を心身ともに健全な状態で、しっかりと展開すること、である。そのためにも事前準備期間には自らの身体に関しても、万全の体制をとっておきたい。

第2節　実習に向けての身だしなみ、持ち物・服装の準備

　実習の準備として大変重要な点は、「実習生の身だしなみ」についてである。特に実習生の服装は印象を左右し、その人がどういう人間であるかの評価をも決めかねない点のため、十分に配慮する必要がある。この服装に関しては言うまでもなくおしゃれを決めることでもなければ、必要以上に華美に装うことを意味するのではなく、保育者としてふさわしい服装であるというべきことであろう。

　では保育者としてふさわしい服装とはどのようなものなのか。まず第一に機能的で動きやすい服装であること。次に清潔で汚れてもすぐに洗えるようなものであることである。最後に暑い日には涼しく（あるいは涼しげに見え）、寒い日には防寒の役割を十分に果たすことができる、という服装であること、といえよう。

　もちろん子どもの目からも親しみやすく、優しさを自然と醸し出すよ

うな服装であることは必要であるが、それは決して子どもが好みそうなキャラクターの模様の描かれた洋服でもなければ、原色をちりばめたような派手な洋服、ということではな決してない。子どもの注意や気持ちを引こうと「キャラクターデザインの服を着る」ということは決して保育にふさわしい洋服を着ているということではなく、子どもに迎合しているに過ぎないといえよう。

　また保育施設によってはエプロンの着用が決まっていたり、服装の規定が厳しく設定されているところもある。自分で勝手に実習のための洋服を選び購入してしまう前に、実習先の幼稚園・保育所に、どのような服を着てよいか（あるいは着ることが望ましいか）確認してから準備・購入する方が良いだろう。

　また身だしなみという観点から言えば、髪形も大切な要素といえるし、必要以上の化粧などもつつしむべきである。髪形に関して言えば、やはり動きやすく、好印象を与えるためには、長い髪の毛の者はまとめたり、過度の着色やパーマネントなどは控えるべきである。さらに長い爪や、カラーリングなど、子どもと接したりさまざまな作業、楽器演奏などにふさわしくない手先は、保育の場所にふさわしくない爪といえる。長い爪で子どもたちに傷をつけることは本末転倒であるし、保育の生活の場には色のついた爪も好ましくないものの筆頭といえる。

　保育者の服装も、髪形も、爪も、すべて大切な人的環境の一部分である。またそういった実習生の身だしなみは、指導する保育者や子どもたち、保護者にとってはその人の印象を決定づける大切な要因である。そのためにも服装も、髪形も準備をする段階で決して気をぬくことなく、保育者らしく好印象をあたえるように、また自分が大切な環境の一部になることができるように、心して設定しなくてはいけないポイントである。

　以上のような身だしなみや持ち物の点は、子どもと接する実習期間の話ではなく、実習の事前指導（ガイダンス）の段階においても重要な点である。一番最初に実習園に足を運んだ際に、その人がどのような人

(学生) なのかを、身だしなみや言葉、態度で誰しも判断することだろう。そのためにも最初のガイダンスの段階で、少しでも良い印象を先方の幼稚園・保育所に抱いてもらい、その後の実習につなげていくためにも、大切な準備である。

　決してお金をかけたり、必要以上の華美な服装、身だしなみを施す必要はない。真摯に実習に望むという態度を醸し出すものであること、さらに清潔でわかりやすく、受け手となる相手が気持ちよく接することができるような態度・服装・言葉遣いを心掛けるべきである。

第3節　実習のために準備する道具、備品など

　服装、髪形といった準備と並行して、実習のために準備をしなくてはならない道具、必要な備品にはどのようなものがあるだろうか。

　まず第一に必要な道具として靴があげられる。どの保育施設においてもほとんどの場合、外で履く靴と、部屋の中で履くような室内履きが必要となる。かかとの高い靴や、運動すると脱げてしまうような形態の靴が望ましくないということは言うまでもないが、もう一点付け加えるのであれば、着脱しやすい形の靴の方が便利である、ということが挙げられよう。

　また外履き、上履きを履く場合、かかとをつぶして履く保育者もたまにみかける。これは運動や子どもとの保育活動を行うときに動きやすいとは決して言えないし、マナーの点からも望ましいものとは言い難い。どのような場合も足に合った靴を、しっかりとかかとをつぶさずに履くことが望ましい。

　靴のほかに必要な道具としては、保育の流れや気になったことを記録するためのメモ用紙、ボールペン、シャープペンシル、消しゴムなどが挙げられる。このメモ用紙・ペン類に関してもキャラクターのついた品

を使用することを制限している施設もあるため、選択に際しては先方の実習園に使用して良いかどうかの確認を行ってから使用したほうがよいだろう。また実習だからといってメモをとり、記録することが第一になってはいけないことは言うまでもない。実習日誌の記載のために時間を記録すること、子どもの活動を記録すること、保育者の対応を残すことは大切ではある。しかし、あくまでもメモを取るということは必要最低限に行うべきであり、実習時間中、長時間にわたってメモをとることに費やすことは控えるべきである。

　それ以外にも名札、ハンカチ、ポケットティッシュ、タオルなども保育中には必要になることが多い。特に名札は安全ピンを使用することを禁止している保育施設もあるし、その記載方法（ひらがなか、漢字にふりがなか、あるいは学校名も記載するか、など）、形状などを細かく指導している保育施設も多い。準備をすすめてしまう前に、必ず保育施設に確認し、どのような名札を保育実習中につけてよいかどうかを把握しておかなくてはならない。

　また実習の園によってはお弁当（お弁当箱、お箸、コップなどを含む)の準備が必要とされる施設、脱水症状や熱中症を予防するために、水筒(保温マグ)に飲み物を入れて毎日持参することが必要とされる園も昨今では多い。

　いずれもどのような形状、色、あるいは中身などが許可され、適しているのかという点に関しては、勝手に準備し持参してしまうのではなく、実習が始まる前に必ずそれぞれの実習先に確認し、一方的な考え違いや規定で禁止されている種類の品を持参することがないように十分な事前の配慮が必要とされる。どのようなものがよいかも不明な場合、判断が自分ではつきにくいときには、必ず実習先の保育所・幼稚園に確認し、個人の範囲での勝手な判断で迷惑をかけてしまうことがないように、重ねて注意しおきたい。

　さらに現在はスマートフォンやタブレット端末などを使用することにより、誰しもが容易で自由に写真やコメントを多くの相手に広めること

ができる。実習中にこのような情報機器を使用して、園児の写真、園の施設、保育者の感想などを書いて投稿することは厳禁であることは言うまでもないが、自分が実習をどこでどのように行うかなどの記述に関しても情報保護の観点から十分留意することが大切である。

第4節　保育への関わりと、部分・責任実習のカリキュラム準備

　実習が始まる前の準備として、自分の中に持つべき重要な点は、自らが将来保育者として、どのような保育を志し、どんな保育者になるのかを思い描くことである。そのためにも実習期間を漫然と過ごすのではなく、自分なりの観点・視点をしっかりと持ちながら日々の実習を充実したものとなるように努力しなくてはいけない。

　具体的には見学時には、保育者がどのような保育を展開し、子どもに対応し、そしてどのような活動をしているのかを、自分なりの目的を持ちながら観察するべきである。例えば子どもへどのような言葉と態度で接しているのか、他の保育者とどのようにコミュニケーションをとりながら連携しているのか、けんかなどが始まった場合にはどのように仲介に入っているのか、また万が一にけがなどが起こった場合には、どのように対応しているのかといった点に加え、自分が保育者となったときには子どもにどのように応じるべきかといった「自らの独自の視点ポイント」を持って教育実習に参加することが望ましい。

　このことは一見難しく思われるかもしれないが、自分がどのような保育者を目指し、また自分はどのようなことが得意、あるいは不得意なのかを見つめなおしたときに、学ばなくてはいけない視点は自ずと浮かんでくるのではないだろうか。決して難しく考えたり、必要以上に緊張することなく保育実習に望むためにも、「自分の見るべきポイント・視点」を箇条書きに記し、メモや実習日誌にあらかじめ記しておくと良いだろう。

さらに、園児が在園している時間外の保育者の仕事に関しても、どのようなものが存在し、それを保育者はいかに対応しているのかという点に関しても把握できるように、見るべき視点・観点のポイントは多い方が望ましい。常に大切なことは、自分が保育者となったときのことを思い描きながら実習に参加すること、なのである。

　また実習が始まってしまうと、まとまった自分の時間を持つことが難しくなり、ゆっくり考えたり、細かい準備などを行う時間が限られてしまう。そのため部分・責任実習の案（カリキュラム）などを、保育実習が始まってから企画・立案していたのでは間に合わず、時間切れになってしまう場合も多い。そのようなことを防ぐためにも、実習が始まる前の、比較的余裕のある段階において「自分の行ってみたい部分（責任）実習案（カリキュラム）」を具体的に企画・立案しておくとよい。

　もちろん配属クラス（年齢）や園児の人数などに関しては未知数な場合も多いし、時間的にも対応園の実情によって一日すべての全日実習ではなく、限られた時間の部分実習となってしまうこともある。そのため自習前にあらかじめ記しておいた指導案そのまま当てはまる可能性は少ないかもしれないが、自分の考えた指導案を持っていたのであれば、何もない状況からスタートよりもはるかに楽に、そしてより良いものを作成することができるだろう。そのためにも自分の指導案を実習前にある程度準備しておき、実際に実習が始まった後に、実習先の施設の実情に合わせ、年齢・人数・時間軸などを手直しすることで対応することで充実した内容のものとなるのではないだろうか。

　また保育所施設によってはピアノの演奏・伴奏を必要とされる場合も多い。楽器の演奏などが苦手な者は、実習ガイダンスの段階で保育実習先で使用している楽譜をあらかじめ受け取り、練習を行っておくことも望ましい。

　さらに実習日誌に関しては、長い文章を記したり、感想などを短時間で簡潔に記すことは誰もが苦手なものであると思われる。文章を上手に、

短時間でまとめることは一朝一夕には難しいことであり、実習期間内の負担として一番挙げられることが多いのが「実習日誌を書くこと」である。実際にそのような感想を学生から受けることも多い。本来、文章を記すためには多くの本に接し、読書を幼少期から行うことが必要であり、さらに「書く」ことに関しても鉛筆やペンを使用し、紙に書く行為を繰り返すことで初めて上達するものであると言える。デジタルのコミニュケーションが一般的となり、また図書離れが著しい昨今では、実習日誌を記すということは誰にとっても苦手な行為であろうが、少しでも短い時間で、簡潔で良く、見やすい日誌を記すことができるような準備を、平素から心がけておくことも望ましい。

　以上のように、実習が始まってからだけではなく、実習期間の直前になってからでは間に合わない点や、対応できない事項は大変多い。自分が足りない面、準備しなくてはいけない事は人それぞれ違うため、実習（あるいは保育）に関して、今自分は何をやらなくてはいけないのか、どんな点が欠けているのかを、それぞれがよく考えて準備期間を送ることが肝要である。

【引用・参考文献】
高橋かほる監修『幼稚園・保育所 実習まるわかりガイド』ナツメ社、2009年
谷田貝公昭・上野通子編『これだけは身につけたい　保育者の常識67』一藝社、2015年
山本淳子編著『実習の記録と指導案』ひかりのくに、2011年

（野末晃秀）

第12章　実習生の心構え・姿勢

第1節　保育実習ってどのようなものだろう？

1　保育実習とは？

　保育実習とはどのようなものであろうか。それは児童福祉施設での実習を通じて保育士としての資質、力量を備えるためのものである。乳幼児にとっては人生の最初に出会う先生といえる。
　保育実習に出るためには、保育士になるための心構えや保育に関する技術、またそれに関わる知識などを身につける必要がある。実習生は、現場にいる保育士とは異なり、アマチュアであるといえる。いわば「初心者マークをつけた保育士希望学生」であるため、実習に行ってもすぐに思うようにできるわけでないことを肝に命じておいたほうがよい。

2　専門職としての保育士になるためのトレーニングが欠かせない

　実習生は、よく保育実習で園児と関わることをすぐに想像することがあるであろう。しかし園児と関わることばかりが実習ではない。園児と関わるまでの準備や事務作業、清掃活動、電話担当などにいたるまで、行うことがある。子どもに関わることができないからといって、しょげることなく、何でも進んで行うことが大切となることを忘れないでほしい重要なことである。
　保育士の先生方はみんな「子どもが大好き」である。しかしながら子

どもが好きなだけでは、保育士としての責務を十分に果たすことができない。仕事の中味は選ぶことができないのは当然のことである。ましてや嫌な仕事もたくさんある。しかしそれから目をそらしていては、一緒に働いている周りの先生、職員に迷惑をかけるだけでなく、保育士としての職務が全うできないことになる。4月から担任をもって保育士になる直前では、それは大変大きな問題になることは想像するに難くない。

　保育実習は、そうならないための保育所等へ勤務する前のいわば準備期間であり、トレーニングの場なのである。

　保育士になるためにトレーニングを積む場所であることから、さまざまな仕事にチャレンジし、失敗を重ねながら、立派な保育士になることが望まれるのである。

第2節　忘れてはならない実習の心構えとは？

1　責任や誇りのある仕事であることを忘れない

　まずは、保育士になりたいという自分の思いに対して、責任や誇りを感じるようにしたい。目の前にいる子どもたちは、その日その日で個々に健康状態も異なるため、身体が不調であってもサインを出すこともあれば、出さないこともある。このことは低年齢になればなるほど、そのような傾向がある。つねに園児の個々の状況には敏感でありたい。また早め早めの対応が求められること忘れないでおきたい。

2　まわりの職員が全員「先生」だと思っていい

　保育実習学生は、実習に出る前から養成校のほうで、保育理論や保育技術をはじめ。具体的な対応や方法、遊び方などを習得している。またボランティア経験の多い学生もいるため、自分の思ったように保育をす

ることがある。

　しかし実習生とはいえ、保育のプロフェッショナルではない。現場の先生から見れば、まだまだ経験が少ないといえる。保育する中で悩んでいること、不安なこともたくさんあるであろう。そのようなことはこの場を生かして、どんどん周りの先生方に尋ねてみるとよい。

　「聞くのは一時の恥」ということわざがある。たしかに先生方に伺うことは恥ずかしいことであるかもしれない。「こんなこともあなたわからないの？」などと言われたら、どうしようと思うこともある。さらに聞こうという思いはあるが、緊張して、伝えたいことが伝分からないこともあるかもしれない。さらに声をかけるタイミングが分からないこともあるであろう。

　しかしながら現場の先生は、実習生が「いつかきっと聞いているだろう」という準備はしていることが多いといわれている。そのため勇気をもって聞いてみることをお勧めしたい。先生も礼儀正しく聞かれれば、いやな顔をすることはまずない。実習生の積極性は実習の大きな評価につながるといってよいのである。

3　常に謙虚な姿勢を

　実習の際には、部分保育やピアノ、絵本の読み聞かせなどをお願いされることがある。得意なことなら意欲をもって取り組むのであろうが、苦手なことであると一歩引いてしまうこともあるであろう。実習生はプロではないので、失敗することもある。そのときには先生方に教えてもらうようにしたい。そのときには「教えていただき、どうもありがとうございました」というような謙虚な姿勢を心がけたい。

4　「学生の甘え」は絶対に捨てるべき

　実習生であるとはいえ、園児から見れば現場の先生と同じように、「先生」なのである。学生だから…というような甘えは即刻捨てるよう

にしたい。遅刻や早退、休憩時間など園で決められた時間を徹底的に守ることが求められる。もし守ることができなかった場合には、すぐさま担当の先生にいいわけをすることなく、誠意を込めて謝ることが大切である。保育所などの施設だけではなく、どこの社会でも、社会人としてのルールは適用されることを忘れないようにしたい。

5 夜型生活から朝型生活へシフトチェンジ

　実習中は、体力的に精神的にも疲労が蓄積するものである。そのため睡眠を取ることが大切になってくる。睡眠が不足すると頭の働きもよくなく、元気な身体で保育を行うことが難しい状況となる。そのため心から満足のいく実習にはならないことが多い。実習中だけでなく、実習前からも早めに起きて余裕をもって行うことができれば、交通渋滞や事故などによるトラブルにもスムーズに対処できるのである。またバタバタせずに落ち着いて行動できるのである。

　大学生活で、遅くまで起きている習慣が身についてしまって困っている学生は少なくない。実習を機会に、「夜型」から「朝型」の習慣にしてください。「早起きは三文の得」ということわざがあるように、早起きは、健康にもよいが、それ以外にもいろいろラッキーなことが生じるともいわれている。それまでの世界観とは大きく変わるのである。

　どんなに実習中が忙しくても、睡眠時間については最低でも5時間程度はとるようにしたい。また、少なくとも夜の12時までには寝床につくようにすることが望まれるのである。

6 三度の食事はしっかりと

　園児と関わる仕事は体力を使うことが多い。そのため保育士が不規則な食生活をしているとすぐに疲れやすくなり、体調を崩してしまうことも多い。つねに栄養バランスのとれた食事をとることを心がけたい。と

くに起床時間が早いので、朝食をとることを避けがちであるが、むしろ朝食は、脳を活性化させるという情報がある。しっかり食べておきたい。

また、休憩時間中の昼食、さらには実習が終わってからの夕食もしっかりとることが大切である。女子学生のなかには、ダイエット効果があるからといって食事をあえて取らない者もいると聞くが、それは逆効果となる。ダイエットよりも健康体の維持に心がけるようにしたい。

また保育士として園児への「食育」指導することも将来はあると思われるが、先生自ら食べないという行為は、大いに説得力に欠けることを忘れないでいただきたい。

7　髪型やメイクは控えめに

とくに女子学生の実習生に多いが、長い髪の場合は、きちんとまとめることが大事である。学生らしい髪型を基本とすることが求められる。その際にはピンどめやヘアゴムなどを用意しておきたい。また髪が目の中に入らないようにすることにも注意したい。

メイクはファンデーションを基本とし、華美にならないように気をつけたい。

8　アクセサリーはつけないのが普通

実習中のアクセサリーは厳禁である。園児を抱き上げたり、触れたりすることがあるため、とくにマニキュアやピアスは危険物に変わることが少なくない。このことに関連して、清潔感も求められることを忘れないようにしたい。

第3節　実習前に準備しておきたいこと

以下に、実習前に準備しておきたい基本的なもの・ことをリストにし

た。実習前には必ずチェックしておこう！

1 持ち物

- ☐ エプロン
- ☐ ハンカチ
- ☐ タオル
- ☐ ティッシュペーパー
- ☐ 腕時計
- ☐ 上履き
- ☐ 外履き
- ☐ 教材
- ☐ 実習日誌
- ☐ 指導案
- ☐ メモ帳
- ☐ 筆記用具
- ☐ 辞書
- ☐ 名札
- ☐ 靴下
- ☐ お弁当
- ☐ 歯ブラシ
- ☐ コップ
- ☐ 傘
- ☐ 給食費
- ☐ 製作道具
- ☐ 常備薬
- ☐ その他

2 準備しておきたいこと

- ☐ 歌・ピアノの練習
- ☐ 絵本・紙芝居の練習
- ☐ 手遊びなど

3 最終チェックリスト

- ☐ 体調は整っているか
- ☐ 服装は適切か
- ☐ アクセサリーはしていないか
- ☐ 持ち物はすべてそろえてあるか
- ☐ ピアノや歌の練習はできているか
- ☐ 絵本や紙芝居の練習はできているか
- ☐ 遊びをいくつかのパターンで覚えたか
- ☐ 遅刻はしないか
- ☐ 元気なあいさつはできそうか

第4節　現場の先生をまねして見る

　実習はこれまでの学びの集大成である。養成校のテキストやボランティア活動から学ぶことはあったと思われるが、現場にいる先生をよく観察することも勉強になる。とくに「先生のまね」をして、保育に取り組むことも大きな経験になる。「これはいいなあ」とか「私はこんなことはできないけど、でも参考にしてみたい！」と思いつくことがあれば、どんどん取り入れていきたい。また目標とする憧れの先生がいればなおさらよいであろう。その先生に少しでも近づくように努力するようになるので、服装や立ち居振る舞い、表情、しぐさなども参考にするとよい。ときには子どもを叱ることもあるかもしれない。場合によれば、厳しさも必要になる。さらに子どもに関わるなかで特技を磨いたり、子どもたちとの遊びとその環境づくり、気配りの方法などにも留意することが大切になる。

第5節　実習は成長の糧に

　保育実習では、養成校で学べないことがたくさんあり、その実践を通して指導を受けることのできる絶好の機会である。毎日が緊張感の連続であるものの、新たな驚きや発見もあり、貴重な経験を築くことができるものである。実習中に厳しく現場の先生から指導を受ける学生、実習で自ら構想している内容を理解し、実践のチャンスを与えてくれる現場の先生など、さまざまである。しかしながら実習生は自らが悔いの残らない、そして納得のいく実習にしなければならない。
　実習には評価がつきものである。高い評価を受ける学生も存在すれば、力を発揮することができず思ったような評価にならない学生もいるであ

ろう。しかしながら評価に関係することなく、「人間的成長」は、だれしも見られることである。「成長の糧」こそが実習の醍醐味になるのである。

　実習期間は養成校によって異なる。実習期間は異なるものの、この実習を通じて、実習生自らの成長の手助けをしてくれるのが「実習」なのである。実習を通して、より大きな人間になり、立派な保育士になることを今から期待してやまない。

【引用・参考文献】

澤津まり子、木暮朋佳、芝崎美和、田中卓也編著『保育者の扉〔第2版〕』建帛社、2016年

戸江茂博監修、田中卓也、古川治、松村齋、川島民子編著『保育者・小学校教諭・特別支援学校教諭のための教職論』北大路書房、2014年

林邦雄・谷田貝公昭監修、高橋弥生・小野友紀 編著『保育者養成シリーズ 保育実習』一藝社、2012年

久富陽子編著『学びつづける保育者をめざす実習の本〔第2版〕』萌文書林、2017年

松本峰雄編著『U-CANの保育実習これだけナビ』（U-CANの保育スマイルBOOKS）ユーキャン学び、2010年

（田中卓也）

第13章 実習生として必要な知識、技術

第1節 実習生として必要な知識

1 保育実習施設の概要

　保育実習に当たって、実習の段階（観察・参加、責任）や保育所や施設に関する法令・法規、役割などについて、しっかり学んで理解し、準備しておこう。

　保育士として従事できる施設は、保育所を始めとした児童福祉施設である。しかし、一般的に「施設」というと、保育所以外の児童福祉施設を指す場合が多い。保育士資格を取得するためには、保育所と施設（保育所以外）での実習が必要である。保育所以外の児童福祉施設には、どのような施設があるだろうか。

　児童福祉施設には、①乳児院、②助産施設、③母子生活支援施設、④児童厚生施設、⑤児童養護施設、⑥知的障害児・者施設、⑦知的障害児・者通園施設、⑧盲ろうあ児・者施設、⑨肢体不自由児・者施設、⑩重症心身障害児・者施設、⑪情緒障害児短期治療施設、⑫児童自立支援施設及び児童家庭支援センターなどがある。

　社会福祉関係諸法令に基づく施設には、それぞれの機能と役割、目的があり、施設によって異なる。施設実習に参加するまでの準備として、どこの施設で実習するかにより、各施設の機能と役割、目的と共に、利用者・入所者の年齢や特性、などを事前に調べ理解して準備しておこう。

2 実習生としての基礎知識

　保育実習に参加する前に、養成校での学習する基礎知識を正確に学んで理解し、復習をしておくことが大切である。
(1) 子どもの発達理解
　保育実習に参加する前に、子どもの発達について、基礎知識としてしっかり理解しておくことが必要となる。保育所保育指針で「子どもの状況や発達過程を踏まえた」上で、環境を通して、養護および教育を一体的に行うことが示されている。幼稚園の教育実習と異なる点は、乳児（0歳）保育があることと保育時間の差異である。一般的な子どもの発達を理解した上で、月齢差（生まれた月）や個人差、生育環境の違いにより、一人ひとりの子どもの特性を理解して保育していくことが望まれる。
　2017年3月告示の「保育所保育指針」に、「①乳児保育、②1歳以上3歳未満児の保育、③3歳以上の保育」に関するねらい及び内容が記されているので、熟読して理解しておこう。さらに、年齢別の具体的な発達理解をするには、2017年告示の「保育所保育指針」の発達過程に関する箇所を読む、あるいは、養成校の授業などでしっかり学んでおくことが必要である。
(2) 養護と教育（保育の5領域）
　保育所保育指針の保育目標には「十分に養護の行き届いた環境の下に、くつろいだ雰囲気の中で子どもの様々な欲求を満たし、生命の保持及び情緒の安定を図ること」とある。保育所は、保育時間が基本的には8時間であるが、保護者の家庭環境・状況により、早朝保育や延長保育等で長時間保育になることが多い。そこで、「生命の保持」と「情緒の安定」の養護を大切にしながら保育することが求められている。同時に、幼稚園と同様に教育を取り入れた保育実践が目標に掲げられている。
　小学校のような教科学習（国語・算数など）ではないので、環境整備をし、遊びを通して保育の5領域（健康・人間関係・環境・言葉・表現）

を体験し学んでいく。保育の5領域の知識を理解して、実習に臨みたい。

(3) 保育者、職員間の協働と報連相(ほうれんそう)

　保育所や施設では、いろいろな職種の職員が働いている。また、保育所では、0歳児3人に保育士が1人というように、子どもの年齢や人数により、保育士の配置人数が定められている。乳児保育の場合、複数担任であることが多く、保護者のニーズに対応するため、早朝や延長等の預かり保育も実施している。保育士も早番、遅番などの当番制になっている。さらに、保育所には看護師や栄養士、調理師といった他の専門職の方々も働いている。

　施設も保育士だけではなく、施設種別に医師や看護師、理学療法士（PT）、作業療法士（OT）や言語療法士（ST）などの専門職の方々が従事している。

　このように、保育所も施設も保育者と他の専門職員と協働する場であるので、ほうれんそう（報告・連絡・相談）が大変重要になる。実習では、子どもや利用者の安全・安心な保育や生活援助をするために、保育者と職員の協働について、それぞれの施設でどのように職員間の協働が実践されているか体験できる貴重な機会である。

(4) 子育て支援と地域連携

　保育所保育指針には、保育所に「入所する子の保護者に対する支援及び地域の子育て家庭に対する支援等を行う役割を担う」と明記されている。

　昨今、子育ての悩みや迷いを、核家族化に伴い身近に相談できる人や場所、時間的余裕がない保護者も多い。そこで、連絡帳を始め、保育所への送迎時に、保育者に気軽に相談できるように信頼関係を築くことが大切になる。また、保育所に入所していない子どもと保護者向けに、保育所によっては伝統遊びの伝授、園内のプール開放など、子育て支援等を実施している園も多数ある。今後も、保育所が地域の子育てセンター的な役割を担うことが期待されている。

　施設においても、文化祭、祭り等の行事を通して、入所者と地域の

人々との交流をはかっている場合も多数ある。実習に際し、実習園での子育て支援の取り組みや地域との交流の役割をを理解した上で実習に参加し、実祭にどの様に実践されているかを経験して学ぶことも重要である。

3 保育士の専門的知識

(1) 障害の理解

　最近の保育所や認定こども園では、「気になる子」や障害をもっている子と健常児が共に育ちあう統合保育（インテグレーション）、インクルージョン保育が実施されている。実習では、気になる言動をする子や障害をもっている子に出会う機会がある。また、障害児・者の施設では、障害や個人差に応じて対応する事が大切である。そこで、養成校で学習したさまざまな障害についての知識を復習しておくことが必要となる。さらに、気になる行動や障害があっても、子ども入所者一人ひとりが、「かけがえのない存在」であることを踏まえて対応していくことが重要となる。保育者が障害のある子・入所者への言葉掛けや対応方法を見て学ぶ貴重な機会になるように心掛けたい。

(2) 実習日誌の記録

　実習に際して、実習日誌の記録が必要になる。実習日誌の記録の意義（第9章）をしっかり理解しておこう。実習段階や実習課題を明確にした上で、日々の実習目標やねらいをよく考えて設定し、一日の実習が終了したら、目標やねらいを確認して考察や感想を記入しよう。また、子どもや利用者の言動を観察すると共に、保育者がどのような配慮や意図の下に対応していたのか、についてもしっかり読み取って記録したい。最初の実習を振り返って、反省点や課題を明確にし、次回実習への布石となるので、実習後、記録を読み直して課題を見つけておこう。

(3) 指導計画の作成とPDCAサイクル

　実習中、部分実習や責任実習をする際に、部分実習指導案や責任実習指導案を作成する。担当保育者に助言をいただき修正や加筆することも

多い。指導案を作成し、部分・責任実習を実践したら、「実習が終わった！」で終了させるのではなく、実習を振り返り省察して次の実習に役立てよう。PDCAサイクルとは、P（Plan）：計画をたてる、D（Do）：実行する、C（Check）：自己点検・評価する、A（Action）：改善する、という実践を向上させる取り組みである。この方法は、実習生として自身の技量を向上させるだけでなく、就職後の保育者としての学びとスキルアップにも必要となってくる。

（4）保育者の倫理観

保育士の専門性として、昨今求められるものに保育の質向上が挙げられる。もちろん、保育の専門家として、子どもの発達理解を始めとした正確な知識や技術を理解し体得していることが必須である。

保育所保育指針で「子どもの最善の利益を考慮し、人権に配慮した保育を行うためには、職員一人ひとりの倫理観、人間性並びに保育所職員としての職務及び責任の理解と自覚が基礎となる」ことを求めている。また、全国保育士会では、保育士の責務と倫理についての規範である、倫理要綱を2003年に策定した。保育者の言動や立ち居振る舞いが、子どもに多大な影響を及ぼすので、高い倫理観や責任感が求められる。実習参加前に、この倫理要綱（**第1章 図表1-3**）を熟読して理解しておこう。

（5）守秘義務

児童福祉法第18条の22には、「秘密保持義務」として、「保育士は、正当な理由がなく、その業務に関して知り得た人の秘密を漏らしてはならない。保育士でなくなった後においても、同様とする」と規定されている。万が一、違反した場合は、1年以下の懲役、または、50万円以下の罰金に処せられる（同法第61条の2）。

実習生であっても、この規定を遵守する責任がある。実習中に知り得た子ども自身の特徴や子どもの家族・家庭環境に関する情報は、自分の家族や友人にも口外しないように細心の注意が必要である。最近では、実習園や実習施設に「個人情報保護に関する誓約書」に署名・捺印して

送付する養成校も増えている。実習期間中に、個人情報保護の観点から、以下のようなことに十分気をつけよう。

1、実習中、通勤途中の交通機関や道路で、実習施設にかかわる事（施設名、子どもや利用者、保護者、職員）を話題にして話さない。
2、実習日誌を実習施設や自宅以外で開いて読んだり記録したりしないこと。また、実習施設職員の許可なく、日誌に子どもや利用者の個人名を記載しない。
3、園や施設の許可なく、子どもや利用者、施設の写真を撮影したり、SNS（Facebook,Twitter,Lineなど）やタイムラインに実習関連の事柄を投稿したりしない。
4、日誌や実習施設からの書類の管理を徹底し、紛失しない。

子どもや利用者の情報に関して守秘義務を徹底して守ると共に、実習生自身の個人情報（電話番号、メールアドレス、住所など）に関しても、実習先の利用者や職員に伝えることは控えよう。実習は養成校から依頼した公的なことであるので、連絡は養成校を通してもらうようにする。

第2節　実習生として必要な技術

1　保育の方法

(1) 乳児保育

乳児とは、児童福祉法の第4条に「満1歳に満たない者」と規定されている。乳児は自分の欲求を泣くことで表現する場合が多いので、おむつ替えや離乳食、睡眠などの対応方法を、一人ひとりの特徴や個性に合わせて学ぶことが大切である。また、保護者の代わりとなり養育する必要があるので、保育者がどのように愛情をかけて信頼関係を築いているのかについても、実習に参加して丁寧に観察して学びたい。

(2) さまざまな保育形態

保育所や施設では、さまざまな形態で保育を行っている。保育を実際に行うためには、時間、人数、空間、集団、制約などが関係してくる。

子どもや利用者の現在の姿や状態を把握し、保育者の意図やねらいを達成するために、どのような保育形態で実践するかを選択しているのである。保育形態には、一斉保育、自由保育、縦割り保育、年齢別保育、コーナー保育、個別保育、統合保育、などがある。保育形態は一日の流れの中でも、保育場面などに合わせて選択されていく。実習に参加する前に、これらの保育形態の特色についても学んで理解しておこう。

2 保育技術

(1) 保育技術の習得

保育技術とは、保育者が保育現場で実際に行う保育の実技のことである。例えば、絵本、紙芝居、素話、手遊び、折り紙、歌やリトミック、描画などの造形遊び、体を使う運動遊び等、具体的な保育の方法のことである。また、保育現場での子どもへの言葉かけや関わり方、対応方法を始め、子どもの気持ちを理解する、子どもや保護者との信頼関係の築き方なども保育技術に含まれる。

児童文化財とは、子どもを対象とした文化活動によってつくりだされたもののことである。保育現場では、ペープサートや手袋人形、パネルシアター、エプロンシアター、紙皿シアターなど、手作りの児童文化財が保育者により多数作成・使われて、子どもたちに喜ばれている。

実習に行く前に、さまざまな保育技術があることを理解し、各年齢や実習時期に合わせた絵本・紙芝居を選んで読む練習をする、いつでもどこでも色々な手遊びができるようにしておこう。生活のうた（朝の挨拶、給食、降園時）をピアノで弾けるようする、エプロンシアターやパネルシアター、ペープサートや手袋人形を作成して演じられるように繰り返し練習して習得しておくことが必要である。

(2) 生活技術

　保育技術と共に、習得しておきたいのが生活技術である。保育所以外の児童福祉施設では、施設の利用者や入所者の生活支援をする場合が多い。利用者や入所者の年齢や性別、心身の発達状態、障害の有無や程度、個性や特性など一人ひとりに合わせて支援方法が異なる。

　食事・睡眠・排泄・衣服の着脱・清潔などの基本的生活習慣の習得の程度により、援助の仕方が違う。また、作業所では調理補助や作業補助などの援助や、入所者と共に作業をすることもある。そこで、日頃から実習生自身の生活習慣も自立しておくことが大切である。調理や洗濯、掃除（ほうき・ちり取り・ハタキ・雑巾がけ等）等もできるようにしておこう。

【引用・参考文献】

　内閣府、文部科学省、厚生労働省 編『〔平成29年告示〕幼稚園教育要領・保育所保育指針・幼保連携型認定こども園教育・保育要領』チャイルド本社、2017年

　茗井香保里編著、嶋田貞子他『幼稚園・保育所・施設実習』大学図書、2017年

　林邦雄・谷田貝公昭監修、高橋弥生・小野友紀 編著『保育実習』一藝社、2012年

　全国保育士会、全国保育士会倫理綱領〈www.z-hoikushikai.com/about/kouryou/index.html 〉（2017.12.25最終アクセス）

（嶋田貞子）

第14章 保育実習で必要な子どもの理解

第1節 子ども（乳児・幼児）の理解

1 保育実習における「知的理解」と「心情的理解」

　「子どもの理解」という言葉は保育領域においてよく耳にする言葉である。しかし、その内容を深く理解することは容易ではない。なぜなら、「子どもの理解」とは子どもたちと実際に関わる中で、子ども一人ひとりの個性や特性を知り、子どもと保育者とが相互に作用し合いながら互いの人間関係が深まる中で形成されるからである。これは、連続的で規則的なものではなく日々、刻々と変化する遊び・生活の中で行われる。したがって、保育実習において「子どもの理解」が完結するということではなく保育という営みの中でその理解は深まり形成される。言い換えれば、「子どもの理解」とは子どもを理解しようとする保育者の姿そのものである。子どもと関わり続け、保育を学び続けることが「子どもの理解」の本質なのである。では、保育実習における「子どもの理解」には何が求められるのか。その視点として、子どもの姿に対する「知的理解」「心情的理解」の2つの側面より整理し考えていく。

2 子どもの発達に関する理論的な知識

　保育実習に臨むとき、事前に子どもに関する理論的な知識がなければ、子どもへの適切な保育は難しい。例えば、鬼ごっこという一つの遊びを

とっても3歳児と5歳児とでは、その遊び方は子どもの発達に応じて異なる。これより、「知的理解」を子どもの発達に関する理論的な知識として捉えた上で、その特徴を振り返って確認してほしい（**図表14-1 ～ 8**）。

乳幼児期（0歳～ 6歳の）の子どもたちは家庭、保育所、認定こども園、幼稚園などにおいて生活や遊びを中心に成長していく。これらの時期において留意すべき点は、個人差が大きいことである。そして、子ども一人ひとりが置かれた生活環境や文化，経験してきたことの違いが子どもの姿へ多大に影響する。つまり、図表14-1 ～ 9は、おおまかな集団の中での子どもの姿の目安である。なので、暦年齢ではなく、子ども一人ひとりの連続的な発達のつながり方の理解が必要である。

3　子どもの「思い」の理解

保育実習中の子どもの理解において重要になるのが「心情的理解」である。ここでは「心情的理解」を子どもと関わる際の子どもの「思い」の理解として捉えた上で重要な点を以下に挙げる。

図表14-1　おおむね6ヵ月未満

身体的発達	・首がすわる ・寝がえりや腹ばいなどをする ・手指の把握の発達（見る,手を伸ばす,口に入れる） ・音がする方を注視する（視覚,聴覚が著しく発達）
言語発達	・母音発音（クーイング） ・喃語（アッアッ,アウー など）
人間関係の形成	・人の顔をじっと見る ・話しかける人に反応する（微笑む など）
栄養	・母乳または人工乳を飲む（3 ～ 4時間ごと）
睡眠	・日中覚め,夜寝る時間が長くなる（サーカディアンリズム：概日時計の形成）
遊び	・聞く,見る,触る感覚遊び（ガラガラ,音の出る玩具 など） ・コミュニケーション遊び（いないいないばあ など）
注意事項	・乳幼児突然死症候群（SIDS）うつぶせ寝への注意 　睡眠中の観察（呼吸,姿勢,体温,顔色 など）

出典：[久富、2014] を参考に筆者作成

図表14-2　6ヵ月〜1歳3ヵ月未満

身体的発達	・乳歯が生え,消化機能が付き始める ・支えられて座る→ずりばい→座る ・はいはい→つかまり立ち→つたい歩き→立つ→歩く ・手指の機能がさらに発達（持ちかえる,両手で持つ,指でつまむ）
言語発達	・喃語が活発化（自分から大人に声をかける） ・初語（マンマ・ダダババ など）
人間関係の形成	・身振り（指さし,手さし）で思いを伝えようとする ・身近な人を認識する（人見知り→分離不安:後追い,泣く など） ・大人の真似をする
食事	・離乳食の開始 ・自分で食べようとする（手づかみ,コップで飲む など）
睡眠	・日中の睡眠がまとまる（昼寝は2〜3回） ・夜の睡眠がまとまる（13時間程度の睡眠）
遊び	・なめる,口に入れる,触って遊ぶ（歯固め,赤ちゃん積み木 など） ・大人の身振りをまねる遊び（あがりめ,さがりめ など）
注意事項	・誤飲,転倒,転落

出典：［久富、2014］を参考に筆者作成

図表14-3　おおむね1歳3ヵ月〜2歳未満

身体的発達	・前歯,奥歯,犬歯が生える ・消化機能や代謝機能が成熟する ・1人で歩く ・手と膝をついてよじ登る→支えられて階段の昇降をする ・つかまってつま先立ちをする ・膝を屈折してジャンプの動作をする ・指先の力がつく（つまむ,押す,めくる など）
言語発達	・一語文（一語で意味のある文章「好き・うん・いやいや」など） ・様々な物の名前を知りたがる ・大人の言葉を受けて行動する
人間関係の形成	・大人を遊びに誘う ・大人の真似をする ・「〜したい」という思いが強くなる
食事	・離乳が終了し始める
排泄	・排尿感覚が一定になる→おむつの交換時間が一定になる（排泄を事前に知らせる）
睡眠	・昼寝が食後の1回になり,1〜3時間程度になる
遊び	・物をつかんで動かして遊ぶ ・物を積む,並べる ・クレヨンで点書き,なぐり書き 例：引っ張る遊び,押す遊び,出したり入れたりする（手押し車,型はめ,大きめのパズル,積み木,すべり台 など）

出典：［久富、2014］を参考に筆者作成

図表14-4　おおむね2歳

身体的発達		・バランス感覚,筋力の発達 　例：走る,跳ぶ,片足立ち,よじ登る,ぶら下がる ・両方の手の指先,手のひらの動きを組み合わせた動作
言語発達		・単語数の急増（約200語→約800語へ） ・一生懸命話そうとする（二語文）→質問の増加 ・大小・長短・同じ・多少などがわかる
人間関係の形成		・友達がしていることに興味をもつ ・「見てて」と見ていて欲しがる ・友達とのものの取り合いが頻発する ・自分でできることが増え,自己主張が強くなる ・「イヤ」と否定することが増える
食事		・自分で席につきスプーン,フォークも使えはじめる ・遊び食べをすることもある
身辺の自立	排泄	・大便,小便が出たことを言葉やしぐさで伝える ・おむつからパンツへ移行しはじめる（個人差あり）
	衣服	・パンツ,ズボン,シャツなどを自分で脱着する
遊び		・両手を使った遊び（ブロックをつなげる,型合わせ） ・見立て遊び（生活を模倣した遊び） ・友達と遊び始める（ケンカも多い） 　例：棒通し,ひも通し,ままごと,粘土,クレヨンなど

出典：［久富、2014］を参考に筆者作成

図表14-5　おおむね3歳

身体的発達		・免疫力がつく ・運動神経が発達（走る速度が上がる） ・足を交互に使い昇降 ・片足立ち,連続跳び ・重いものを持ち上げ,持ったまま歩く ・手指を使った作業
言語発達		・会話が盛んになる（三語文） ・経験を言葉で伝える ・数,色がある程度わかる ・簡単な図形の形の違いがある程度わかる
人間関係の形成		・大人に言葉に反抗する,甘える ・人の役に立つことを喜ぶ ・褒められると喜ぶ ・自分の思いを明確に主張する（ケンカも多い）
食事		・自分で席につきスプーン,フォークも使えはじめる ・遊び食べをすることもある
身辺の自立	排泄	・自分で下着を脱着し,排泄ができ始める（お漏らしもある）
	衣服	・手伝いを要する場合もあるが,衣服,靴の脱着ができる ・前後,裏表がわかる ・簡単なたたみ方で服をたたむ
遊び		・元の場所に片付ける ・戸外での運動遊び,ごっこ遊び 　例：ままごと,着せ替え人形,電車遊び,ブロック,描画

出典：［久富、2014］を参考に筆者作成

図表14-6　おおむね4歳

身体的発達		・身体の動かし方を調整する力が向上 （片足立ち,ジグザグ歩き,急にとまる） ・左右の身体の動きの協調（ダンス,はさみの連続切りなど）
人間関係の形成		・性別への興味 ・自分のしぐさや服装を意識する ・友達と遊ぶことを喜ぶ ・社会や集団のルールを理解して行動しようとする ・感情や欲求のコントロールしようとする ・自分と他人の明確な区別
食事		・箸の使い方が上手くなる（こぼさずに食べる）
身辺の自立	排泄	・自分で下着を着脱して排泄できる
	衣服	・1人で着脱できるようになる（前後,裏表,左右の理解） ・自分で着る服を選ぶ（身支度の準備）
遊び		・友達との遊びを楽しむ（友だちと協力する遊びができる）

出典：［久富、2014］を参考に筆者作成

図表14-7　おおむね5歳

身体的発達	・身体の運動機能がさらに向上（自転車,竹馬,縄跳びなど） ・手指がさらに器用になる（切り抜き,のり付けなど）
人間関係の形成	・他者と共通のイメージをもてる ・身の回りのことについて善悪の判断をする ・仲間と共に遊ぶことを喜ぶ ・目的をもって集団で行動する ・ケンカの仲裁をする（子どもたちで自治を形成）
生活習慣	・衣食住の基本的生活習慣が身につき,生活の流れを見通し行動する
遊び	・遊びが長期的に持続する（歌劇遊び,基地つくりなど） ・運動遊び（ドッチボール,サッカー,一輪車など） ・手指を使った遊び（あやとり,コマなど）

出典：［久富、2014］を参考に筆者作成

図表14-8　おおむね6歳

身体的発達	・感覚器官（視覚,聴覚,嗅覚,触覚,味覚）の発達が大人に近づく ・永久歯が生え始める ・複数の動きを統合した運動が増える（ドリブル,スキップなど） ・より細かい作業ができる（編み物,細かい描画表現など）
人間関係の形成	・言語による事柄の説明ができるようになる ・読み,書き,計算への関心が高まる ・勝ち負けのあるゲームを楽しむ ・相手の気持ちや立場を考えられるようになる（相手の過ちを許す） ・社会的なルールの理解

出典：［久富、2014］を参考に筆者作成

(1) 子どもの「思い」を想像すること

他者の「こころ」を理解することは、大人同士であっても難しい。とかく私たちは言葉で自分の思いを伝えることが多い。しかし、子どもたちは、大人のように言葉で思いを表現できる訳ではない。このとき、必要となるのが子どもの「思い」を想像することである。目の前にいる子どもが自分ならば、何を援助として必要するか。何が嬉しいのか。子どもの視点から「思い」を想像するとこで子どもの理解は深まるだろう。実習中は子どもの思いを常に想像してみよう。

(2) 子どものことを「見る・聞く・待つ」

子どもの心情を理解する上で、まず「見る・聞く・待つ」という姿勢をもつことが大切である。子どもの遊びや生活をよく見る。そして、何を語っているかよく聞く。その上で、子どもが自ら遊びや生活へ取り組むことを待つ。時間に追われる実習中こそ子どもが自ら育とうとする姿を把握することが心情的理解には必要である。

(3) 子どもが関わりたいと思える「人」

大人も同様であるが、見た目の怖い人、不愛想な人とは、関わり難いときがある。それは、子どもも同じである。子どもは大人以上に表情やしぐさから相手の「思い」を読み取ろうとする。つまり、実習生の姿を子どもはよく見えている。実習生の健全な姿が、子どものこころを開き、関わりが生まれることで子どもの理解は深まる。

第2節 子どもの理解への広い視野

1 特別な配慮を必要とする子どもたち

保育実習先では，さまざまな子どもたちと出会うことだろう。その中には、発達が遅れている子ども、集団生活に参加することが難しい子ど

も、子どもなど、特別な配慮を必要とする子どもたちがいる。ここでは子どもの発達障害の特徴について整理し振り返る（**図表**14-9）。

また、**図表**14-9はおおまかな障害の特徴である。そのため子どもと関わる上での適切な配慮事項について、実習に関するの子ども一人ひとりの情報共有を実習担当の保育者と行うことが必要である。なお、ここで紹介しているものは、障害の症例、特徴の一部である。実習前には必ず専門書を見直してほしい。

図表14-9　発達障害

知的障害	○知覚,運動能力,記憶力,理解力,判断力などの知的機能の発達に遅れがある ・知能指数(IQ)の測定などによって診断
発達障害	○肉体的,精神的な不全を伴う慢性的症状の分類 ・自閉症スペクトラム障害,広汎性発達障害,自閉症,アスペルガー症候群 　学習障害,注意欠陥／多動性症候群などの総称 ・認知,言語,運動,人とのかかわりや社会性に困難を抱えているなど
自閉症 スペクトラム 障害(ASD)	○以前は「広汎性発達障害」とされていた自閉症 ・アスペルガー症候群,レット症候群,特定不能の広汎性発達障害など 　を統一的にとらえた総称(DSM-5による診断)
自閉症	○「意思伝達,コミュニケーションの困難」、「社会性や対人関係の困難」 「想像力の欠如」、「特定のものへのこだわり」などの特徴をもつ障害の総称 ・興味の対象が限定的で変化を嫌う傾向がある ・友達と一緒に遊んだりイメージを共有したりすることが苦手
アスペルガー 症候群(AS)	○特定分野への強いこだわりを示し,運動機能の軽度な障害がみられることがある一方,自閉症にみられるような知的障害,言語障害を伴わない ・他者の気持ちを考えることが困難(対人関係が困難) ・こだわりが強く,架空の状況を想像することなどが困難(ごっこ遊びなどが苦手)
学習障害(LD)	○読解障害(ディスレクシア),算数障害(ディスカリキュリア) 　書字表出障害(ディスグラフィア)など様々な状態が含まれる ・知的な遅れはないが、「聞く」「話す」「読む」「書く」「計算・推論する」 　ことに困難が生じる
注意欠陥 ／多動性障害 (AD／HD)	○不注意,多動性,衝動性を症状の特徴とする ・注意欠陥(不注意)：気が散って集中できない,忘れ物が多いなど ・多動性：体を絶えず動かし落ち着かない,座って待てないなど ・衝動性：思いや考えを唐突に言動,行動に表してしまうなど

筆者作成

2　社会状況の変化と子どもたち

子どもの理解において、日々変化する社会状況の理解も必要である。ここでは、その一部を紹介する。

(1) グローバル化社会

　近年、社会のグローバル化（世界規模化）が急速に進すすんでいる。そうしたなか、日本国籍の有無を問わず日本語の教育を必要とする子どもたちが増加している。中には、容姿や文化が異なる子どもたちもいる。

　実習先ではそうした子どもたちと出会ったとき、彼らに寄り添いながら必要とする配慮を行ってしてほしい。

(2) 高度情報化社会

　保育領域においても今後ＩＣＴ技術，ＩｏＴの導入が開始されようとしている。社会の高度情報化は私たちの生活を便利にする。一方で、個人情報保護について慎重な検討もなされている。例えば、ＳＮＳ情報が保護者，保育者などへ漏洩（ろうえい）し子どもの保育へ影響するケースがある。保育実習では、情報技術の使用に関する適切な知識とモラルをもってほしい。

　他にもさまざまな時事問題は子どもの理解と密接に関連している。専門職者として日々、社会の状況を把握することに努めてほしい。

【引用・参考文献】

　林邦雄・谷田貝公昭 監修・青木豊 編著『障害児保育』一藝社、2012年

　久富陽子編著『学びつづける保育者をめざす実習の本』萌文書林、
　　2014年

　全国保育団体連絡会・保育研究所 編集『保育白書〔2017年度版〕』
　　ちいさいなかま社、2017年

（山田徹志）

第15章 実習後の振り返りと学び直し

第1節 実習の評価をめぐって

1 保育実習の評価

　保育実習は、学外で実施するものであるとはいえ、保育者養成カリキュラムの科目の1つであるから、成績・評価を出さねばならない。
　しかも実習の評価は、学生自身にとっても、その後の就職などにとっても、極めて重要な位置を占めている。普通に考えてみても、実習評価の著しく低い卒業生を、どの保育所・施設も採用しようとはしないだろう。それは、実習という科目が保育者として的確かどうかを、一番直接的かつ正確に判断できる科目だと見なされるからである。
　保育実習の事前には、通常の保育士養成カリキュラムの科目を履修し、さらに直接的には、実習事前指導を受けることになる。それらの科目が既に履修済みであることを前提としつつ、実際に児童福祉施設の保育士として活動する全体（実習中の記録なども含む）、保育士の卵として現場に入り込んでいる際の所作等すべてが、評価の対象となる。
　保育所の保育士は、幼稚園教諭と比較して、対象とする子どもたちの年齢が幅広い。また保育所ではない施設の利用者の方々の年齢もまちまちだろうし、障害の程度もまたさまざまである。乳児院や児童養護施設に入所する子どもたちの置かれている境遇・背景も多様である。したがって、保育士は、こうした子どもたち、利用者たちに対する、幅広い、

柔軟な、丁寧な対応が求められる。

　もちろん実際に体験する実習園・施設は、非常に多くの中の幾つかに過ぎない。そして幼稚園実習と比較して、実施をする期間も全体としては長期になる。おおよそ保育実習では、計3回の実習を行うのが一般的である。この3回の実習を、すべて違った場所で行ったとしても、実習生としては、単に3カ所の限られたところでしか体験できないことになる。だから、保育実習をしたからといって、保育所・施設のすべてが分かったと即断するのはいかにも早計である。

　個々の実習園・施設の評価の仕方は、必ずしも一律ではない。通常は、養成校が個々の評価の基準・観点・評価の仕方を実習受入れ側に伝達し、評価を依頼する。その際、養成校側が固有の評価票を作成し、実習園・施設に送って評価をしてもらうケースが一般的である。

2　評価票の実際

　実習生には、3つの役割があると言われる。つまり子どもにとっては保育者、指導者にとっては生徒・教え子であり、また指導者の助手としての役割をも担う、ということである。この3つの役割を、偏りなくバランスよくこなす実習生は、当然ながら高く評価される傾向にある。

　各養成校の評価票は必ずしも統一されてはいないが、中でも評価として、ほぼ共通しているのは、以下の内容である。

①評価項目「勤務態度」－実習期間を通しての出勤・欠勤、遅刻、早退の状況が評価の対象となる。もちろん無断遅刻・無断欠勤は厳禁であり、場合によれば、即実習中止ということもありうる事態である。

②評価項目「乳幼児・利用者の理解」－実習期間中に、どれだけ子どもたち、あるいは施設を利用している方々を理解しようとしたか、意外な面もあるかもしれないが、彼らの多様性を受入れ、唯一の人格として遇することができたかどうか、という観点からの評価である。

③評価項目「指導と支援の技術」－ピアノの伴奏、手遊び、ゲームな

どの他に、安全・養護に関わる専門的な知識と技術も含んだ形で、実習生の技術のレベルが評価される。保育所によっては、前日に楽譜を渡され、翌日に暗譜でピアノを弾けるように指示してくるところもある。

④評価項目「保育者としての姿勢」－実習生は発展途上の可能性を持った人間である。したがって今は実現できないことでも、そこに向かおうと努力する姿勢はとても重要なことである。実際に保育士になってからでも、漫然と進歩のないまま甘んじている態度では、自己を向上させることが難しい。そのため、なおさらこうした態度を保つことは重要だと見なされる。

もちろん、上記の項目を見れば明らかなように、この①から④までは、本当は同格の項目として並べることが難しい、それぞれ別個の視点である。しかし評価がある種の到達基準である以上、各項目をまとめて総合的に評価しなければならない。ちなみに、個々の項目の点数配分は、養成校の考え方により一様ではない。

一般的には、保育所や施設側が下した評価をなるべく尊重するのが、養成校の基本方針である。なぜなら、直接指導をし、その実習生を目の当たりにしたのが実習園、施設であり、その指導者の行った評価が一番信用性、信憑性が高いからである。

第2節　実習後の勉学につなげること

1　実習事後指導

保育実習の後に養成校に戻ると、平常の勉学の時間が戻ってくる。言うまでもなく、理論を学ぶことと、それを用い実践することは、一方向のものではなく、往還的である。つまり理論を学んだら実践として行っ

てみる。しかし実践した結果を踏まえ、自身の今後勉強すべき課題、知識、技術などに焦点をあて、さらに学び直すのである。この意味で、実習後にすぐに現場に就職するのではなく、養成校に戻り勉強することには、非常に深い意義がある。

　当然、実習後に学ぶべきものは、養成校のカリキュラムごとに異なっている。しかし共通するのは、実習事後に指導の時間があり、また最終学年の後期に保育実践演習系の科目が配当される、ということである。

　実習の事後指導は、一般的には、次のような流れとなる。

①まず自身が行ってきた実習を振り返り、実習録の感想とは別の形で、紙面にまとめる作業がある。これは各個人が自身の体験をじっくりと振り返り、整理するという意味で有用である。

②個別面談―実習後数週間程度で評価票が養成校に返って来る。それを教員らが点検し、必要に応じて学生に個別面談を行う。これは成績評価のためという一面もあるが、実習評価を学生に間接的に伝えることにより、実習後の学生の自覚、学ぶ意欲を促すために有効である。

③実習反省会―適宜、クラス単位、グループ単位で反省会を開き、ディスカッションを行う。このことにより、学生個人の実習体験が他の学生にも共有され、自身の体験も、より広がった視野から振り返ることができるようになる。この場合ただ単に話し合うだけよりも、最終的にはディスカッションした内容を整理して、文書としてまとめることが（考察された内容が客観化されるので）効果的である。

④実習体験発表会―さらには、下位学年の後輩に向けて実習体験発表会を行うところもある。この発表会は、次年度以降に実習を控えた学生のためだけのものではない。実習生自身の体験を広く他者に、一定の形式の枠の中で報告・発表することになる。したがって、実習をした学生自身にとっても、また後輩となる学生にとっても、非常に良い刺激になる。単に自身で勉強するよりも、他者へのプレゼ

ンテーションを意識しながら、自己の体験を整理することは、人に伝えるための工夫・整理・客観化が必要なので、一層充実したまとめとなることが期待できる。

2 保育者としての適性

　実習には喜びだけではなく、少なからず痛みが伴う。いわば初めて実習に参加したのだから、失敗することも当然おこりうることである。甘いことばかり言われるわけではない。現場の先生・指導者は、学生の今後のことも考え、厳しいアドバイスを投げかけることもある。厳しいことを言われることに不慣れな学生たちが多いのは事実であるが、保育現場は、やはり甘くない。それだけに学生時代に厳しい現場の声を受け止めることは必要である。

　しかし、少しくらい厳しい言葉をかけられたくらいで、自分が保育者として不向きであると考えるのは、早すぎる判断である。近年の学生はあまりにも打たれ弱いので、「実は厳しい言葉を控えている」と、嘆息しながら、実習指導の実情を語る園・施設もある。

　もしそうであるとすれば、むしろ厳しい言葉は、ありがたい貴重な助言である。それを今後への励ましと受け止め、前向きに実習後の学生生活に生かし、保育職へ向けて、切磋琢磨することが望ましい。

　実習で感じた喜びと痛み、また今後への期待は、決して生涯忘れることができないし、また忘れるべきものではない。実習評価票は当然学校での保管になるし、通常学生が直接見ることができないものである。だからこそ実習録、実習事後指導の時間でまとめた文面などは、自分の宝ものである。いわば実習で感じた、あらゆる思い、感情、体験を閉じ込めた記録である。保育現場に立つことになっても、折に触れてページをめくってみたいものである。

第3節　保育者としてのスタート地点

1　起点としての保育実習

　人間が経験する範囲は狭い。しかしその経験をベースにして、幅広く社会の活動の中で対応していかなければならない。この意味で、実習の反省点が保育者としての出発点になる。保育者になるとは、教育者と同時に、福祉の支援者となる、ということである。

　ただし実習の後のことは養成校での事後指導の時間にすっかりゆだね、自分自身では何もしない、という態度では望ましくない。日々実習録を書き、指導する保育者に見ていただきアドバイスを受ける中で、自分を成長させいくのが実習である。それと同じように、実習を終えてからも、日々の自身を改善・改革していく姿勢が必要である。

　具体的には、保育者としての改善的姿勢・態度というのは、子ども、あるいは利用者の幸福を願って最善を尽くすこと、これを目指して、至らぬ点があれば、それを日々改めていくことである。自己の向上の足どりが分かれば、自分なりの励みとなる。この意味でも、地道な記録、メモ、自身でのチェックは、自己を高めるためにも非常に有意義である。127ページにチェックリストの例を挙げてみた。

2　卒業後に向けて

　保育者に関連するシステムとして、3つのカテゴリーがある。①保育者養成、②保育者の採用、③保育者の研修である。保育実習が①の養成カリキュラムの一環であることは、先にも述べてきたとおりである。またやはり、実習の評価は、②の保育者として採用されるときにも、必ず採用者側からチェックされるポイントである。評価を気にして萎縮し過ぎるのも問題である。しかし、あらかじめどのような観点から評価され

＜チェックリストの事例＞記録日　　年　　月　　日

Ⅰ　保育者としての資質
☐　他の職員と協力体制をとることができるか
☐　保育士・職員同士の連絡を密にとることができるか
☐　別の保育者からの、子どもの見方を受け入れる感受性をもっているか
☐　園・施設全体で一人ひとりを支援しているという視点に立てるか
☐　自分の資質向上に務める姿勢があるか
☐　園内・園外での研修に積極的に参加する姿勢があるか
☐　実践の記録をまめにとることができるか
☐　守秘義務を守ることができるか
☐　高い倫理観をもっているか
☐　職場仲間の互いの違いを尊重し、協力しあう体制を作る姿勢があるか
☐　子ども・利用者の想定外の活動に対応できる柔軟性をもっているか

Ⅱ　子供・利用者理解
☐　子ども・利用者を理解するための多面的な尺度をもっているか
☐　子ども・利用者の個人的状況を肯定的に受け止めることができるか
☐　子ども・利用者への共感的理解ができるか
☐　子ども・利用者との信頼関係を築くことができるか
☐　子ども・利用者の興味・関心を把握しているか
☐　子ども・利用者の一人ひとりの特性・個性を把握できるか
☐　不安を感じている子ども・利用者に寄り添うことができるか
☐　子ども・利用者の人権に配慮したものの見方・受け止め方ができるか
☐　成人等の障害のある方を人生の先輩として認め、接することができるか

Ⅲ　指導技術
☐　指導計画を計画的・綿密に構成できるか
☐　子ども・利用者たちの主体的な活動を援助することができるか
☐　教材研究能力－保育素材の加工など、工夫し環境に生かせるか
☐　子ども（利用者）にもルールの遵守を求めることができるか
☐　なぜしてはいけないかを、子どもに考えさせることができるか
☐　集団活動の中で役割を分担することを、子どもに体験させられるか
☐　年下の子どもへの面倒など、異年齢との交流について配慮できるか
☐　子どもが遊びに没頭し、充実感を味わうことができるよう支援できるか

（氏名：　　　　　　　　）

（個々の項目を5段階評価に変え、表を作成してもよい。筆者作成）

るのか、すなわちどのような保育者像が現場で求められているのかを、知ることは有用である。問題は、保育者になったとき、保育実習を原体験としながら、自己の知識、技術、また子どもや利用者への誠実で真摯な態度・姿勢を磨き続けることである。③の保育者の研修というのは、大きくは2つに分けられる。一つは、自身による自己研修であり、もう一つは、他者から指導を受ける研修である。この研修制度が現在、注目を集めている。保育現場は、社会の状況・要請に応じて日々変化しているものであるから、養成校で勉強を終えれば、それで勉学は終わりというわけでない。現場に入ってからも、絶えず自身を磨くことが求められるのである。

　ディースターヴェーク（F.A.W.Diesterweg　1790-1866）は、「進みつつある教師のみ人を教える資格あり」と、教師のあるべき姿勢を端的に表現した。この言葉を借用して「進みつつある保育者のみ人を保育する資格あり」と述べても、全く差し支えないだろう。そしてこのような態度の、まさに原点・起点こそ、保育実習の体験なのである。

【引用・参考文献】

　内閣府、文部科学省、厚生労働省 編『[平成29年告示] 幼稚園教育要領・保育所保育指針・幼保連携型認定こども園教育・保育要領』チャイルド本社、2017年

　開仁志編著『実習日誌の書き方―幼稚園・保育所・施設実習完全対応』一藝社、2012年

　　　　　　　　　　　　　　　　　　　　　　　　　　　（大沢 裕）

付録（関連資料）

◎幼稚園教育要領（平成29年 文部科学省 告示）―― 抜粋

第2章　ねらい及び内容
健　康
人間関係
環　境
言　葉
表　現

◎保育所保育指針（平成29年 厚生労働省 告示）―― 抜粋

第2章　保育の内容
1　乳児保育に関わるねらい及び内容
　(1) 基本的事項
　(2) ねらい及び内容
　(3) 保育の実施に関わる配慮事項

2　1歳以上3歳未満児の保育に関わるねらい及び内容
　(1) 基本的事項
　(2) ねらい及び内容
　　ア　健康
　　イ　人間関係
　　ウ　環境
　　エ　言葉
　　オ　表現
　(3) 保育の実施に関わる配慮事項

〔注〕「保育所保育指針」第2章所収の＜3　3歳以上の保育に関わるねらい及び内容＞については、「幼稚園教育要領」第2章とほぼ同様の内容なので、掲載していない。上記「要領」第2章を参照されたい。

◎幼稚園教育要領 —— 抜粋
（平成29年　文部科学省 告示）

第2章　ねらい及び内容

健康
〔健康な心と体を育て、自ら健康で安全な生活をつくり出す力を養う。〕

1　ねらい
(1) 明るく伸び伸びと行動し、充実感を味わう。
(2) 自分の体を十分に動かし、進んで運動しようとする。
(3) 健康、安全な生活に必要な習慣や態度を身に付け、見通しをもって行動する。

2　内容
(1) 先生や友達と触れ合い、安定感をもって行動する。
(2) いろいろな遊びの中で十分に体を動かす。
(3) 進んで戸外で遊ぶ。
(4) 様々な活動に親しみ、楽しんで取り組む。
(5) 先生や友達と食べることを楽しみ、食べ物への興味や関心をもつ。
(6) 健康な生活のリズムを身に付ける。
(7) 身の回りを清潔にし、衣服の着脱、食事、排泄などの生活に必要な活動を自分でする。
(8) 幼稚園における生活の仕方を知り、自分たちで生活の場を整えながら見通しをもって行動する。
(9) 自分の健康に関心をもち、病気の予防などに必要な活動を進んで行う。
(10) 危険な場所、危険な遊び方、災害時などの行動の仕方が分かり、安全に気を付けて行動する。

3　内容の取扱い
　上記の取扱いに当たっては、次の事項に留意する必要がある。
(1) 心と体の健康は、相互に密接な関連があるものであることを踏まえ、幼児が教師や他の幼児との温かい触れ合いの中で自己の存在感や充実感を味わうことなどを基盤として、しなやかな心と体の発達を促すこと。特に、十分に体を動かす気持ちよさを体験し、自ら体を動かそうとする意欲が育つようにすること。
(2) 様々な遊びの中で、幼児が興味や関心、能力に応じて全身を使って活動することにより、体を動かす楽しさを味わい、自分の体を大切にしようとする気持ちが育つようにすること。その際、多様な動きを経験する中で、体の動きを調整するようにすること。
(3) 自然の中で伸び伸びと体を動かして遊ぶことにより、体の諸機能の発達が促されることに留意し、幼児の興味や関心が戸外にも向くようにすること。その際、幼児の動線に配慮した園庭や遊具の配置などを工夫すること。
(4) 健康な心と体を育てるためには食育を通じた望ましい食習慣の形成が大切であることを踏まえ、幼児の食生活の実情に配慮し、和やかな雰囲気の中で教師や他の幼児と食べる喜びや楽しさを味わったり、様々な食べ物への興味や関心をもったりするなどし、食の大切さに気付き、進んで食べようとする気持ちが育つようにすること。
(5) 基本的な生活習慣の形成に当たっては、家庭での生活経験に配慮し、幼児の自立心を育て、幼児が他の幼児と関わりながら主体的な活動を展開する中で、生活に必要な習慣を身に付け、次第に見通しをもって行動できるようにすること。

(6) 安全に関する指導に当たっては、情緒の安定を図り、遊びを通して安全についての構えを身に付け、危険な場所や事物などが分かり、安全についての理解を深めるようにすること。また、交通安全の習慣を身に付けるようにするとともに、避難訓練などを通して、災害などの緊急時に適切な行動がとれるようにすること。

人間関係
〔他の人々と親しみ、支え合って生活するために、自立心を育て、人と関わる力を養う。〕

1 ねらい
(1) 幼稚園生活を楽しみ、自分の力で行動することの充実感を味わう。
(2) 身近な人と親しみ、関わりを深め、工夫したり、協力したりして一緒に活動する楽しさを味わい、愛情や信頼感をもつ。
(3) 社会生活における望ましい習慣や態度を身に付ける。

2 内容
(1) 先生や友達と共に過ごすことの喜びを味わう。
(2) 自分で考え、自分で行動する。
(3) 自分でできることは自分でする。
(4) いろいろな遊びを楽しみながら物事をやり遂げようとする気持ちをもつ。
(5) 友達と積極的に関わりながら喜びや悲しみを共感し合う。
(6) 自分の思ったことを相手に伝え、相手の思っていることに気付く。
(7) 友達のよさに気付き、一緒に活動する楽しさを味わう。
(8) 友達と楽しく活動する中で、共通の目的を見いだし、工夫したり、協力したりなどする。
(9) よいことや悪いことがあることに気付き、考えながら行動する。
(10) 友達との関わりを深め、思いやりをもつ。
(11) 友達と楽しく生活する中できまりの大切さに気付き、守ろうとする。
(12) 共同の遊具や用具を大切にし、皆で使う。
(13) 高齢者をはじめ地域の人々などの自分の生活に関係の深いいろいろな人に親しみをもつ。

3 内容の取扱い
上記の取扱いに当たっては、次の事項に留意する必要がある。
(1) 教師との信頼関係に支えられて自分自身の生活を確立していくことが人と関わる基盤となることを考慮し、幼児が自ら周囲に働き掛けることにより多様な感情を体験し、試行錯誤しながら諦めずにやり遂げることの達成感や、前向きな見通しをもって自分の力で行うことの充実感を味わうことができるよう、幼児の行動を見守りながら適切な援助を行うようにすること。
(2) 一人一人を生かした集団を形成しながら人と関わる力を育てていくようにすること。その際、集団の生活の中で、幼児が自己を発揮し、教師や他の幼児に認められる体験をし、自分のよさや特徴に気付き、自信をもって行動できるようにすること。
(3) 幼児が互いに関わりを深め、協同して遊ぶようになるため、自ら行動する力を育てるようにするとともに、他の幼児と試行錯誤しながら活動を展開する楽しさや共通の目的が実現する喜びを味わうことができるようにすること。
(4) 道徳性の芽生えを培うに当たっては、基本的な生活習慣の形成を図るとともに、幼児が他の幼児との関わりの中で他人の存在に気付き、相手を尊重する気持ちをもって行動できるようにし、また、自然

や身近な動植物に親しむことなどを通して豊かな心情が育つようにすること。特に、人に対する信頼感や思いやりの気持ちは、葛藤やつまずきをも体験し、それらを乗り越えることにより次第に芽生えてくることに配慮すること。
(5) 集団の生活を通して、幼児が人との関わりを深め、規範意識の芽生えが培われることを考慮し、幼児が教師との信頼関係に支えられて自己を発揮する中で、互いに思いを主張し、折り合いを付ける体験をし、きまりの必要性などに気付き、自分の気持ちを調整する力が育つようにすること。
(6) 高齢者をはじめ地域の人々などの自分の生活に関係の深いいろいろな人と触れ合い、自分の感情や意志を表現しながら共に楽しみ、共感し合う体験を通して、これらの人々などに親しみをもち、人と関わることの楽しさや人の役に立つ喜びを味わうことができるようにすること。また、生活を通して親や祖父母などの家族の愛情に気付き、家族を大切にしようとする気持ちが育つようにすること。

環境

〔周囲の様々な環境に好奇心や探究心をもって関わり、それらを生活に取り入れていこうとする力を養う。〕

1 ねらい

(1) 身近な環境に親しみ、自然と触れ合う中で様々な事象に興味や関心をもつ。
(2) 身近な環境に自分から関わり、発見を楽しんだり、考えたりし、それを生活に取り入れようとする。
(3) 身近な事象を見たり、考えたり、扱ったりする中で、物の性質や数量、文字などに対する感覚を豊かにする。

2 内容

(1) 自然に触れて生活し、その大きさ、美しさ、不思議などに気付く。
(2) 生活の中で、様々な物に触れ、その性質や仕組みに興味や関心をもつ。
(3) 季節により自然や人間の生活に変化のあることに気付く。
(4) 自然などの身近な事象に関心をもち、取り入れて遊ぶ。
(5) 身近な動植物に親しみをもって接し、生命の尊さに気付き、いたわったり、大切にしたりする。
(6) 日常生活の中で、我が国や地域社会における様々な文化や伝統に親しむ。
(7) 身近な物を大切にする。
(8) 身近な物や遊具に興味をもって関わり、自分なりに比べたり、関連付けたりしながら考えたり、試したりして工夫して遊ぶ。
(9) 日常生活の中で数量や図形などに関心をもつ。
(10) 日常生活の中で簡単な標識や文字などに関心をもつ。
(11) 生活に関係の深い情報や施設などに興味や関心をもつ。
(12) 幼稚園内外の行事において国旗に親しむ。

3 内容の取扱い

上記の取扱いに当たっては、次の事項に留意する必要がある。
(1) 幼児が、遊びの中で周囲の環境と関わり、次第に周囲の世界に好奇心を抱き、その意味や操作の仕方に関心をもち、物事の法則性に気付き、自分なりに考えることができるようになる過程を大切にすること。また、他の幼児の考えなどに触れて新しい考えを生み出す喜びや楽しさを味わい、自分の考えをよりよいものにしようとする気持ちが育つようにすること。

(2) 幼児期において自然のもつ意味は大きく、自然の大きさ、美しさ、不思議さなどに直接触れる体験を通して、幼児の心が安らぎ、豊かな感情、好奇心、思考力、表現力の基礎が培われることを踏まえ、幼児が自然との関わりを深めることができるよう工夫すること。
(3) 身近な事象や動植物に対する感動を伝え合い、共感し合うことなどを通して自分から関わろうとする意欲を育てるとともに、様々な関わり方を通してそれらに対する親しみや畏敬の念、生命を大切にする気持ち、公共心、探究心などが養われるようにすること。
(4) 文化や伝統に親しむ際には、正月や節句など我が国の伝統的な行事、国歌、唱歌、わらべうたや我が国の伝統的な遊びに親しんだり、異なる文化に触れる活動に親しんだりすることを通じて、社会とのつながりの意識や国際理解の意識の芽生えなどが養われるようにすること。
(5) 数量や文字などに関しては、日常生活の中で幼児自身の必要感に基づく体験を大切にし、数量や文字などに関する興味や関心、感覚が養われるようにすること。

言葉

〔経験したことや考えたことなどを自分なりの言葉で表現し、相手の話す言葉を聞こうとする意欲や態度を育て、言葉に対する感覚や言葉で表現する力を養う。〕

1 ねらい
(1) 自分の気持ちを言葉で表現する楽しさを味わう。
(2) 人の言葉や話などをよく聞き、自分の経験したことや考えたことを話し、伝え合う喜びを味わう。
(3) 日常生活に必要な言葉が分かるようになるとともに、絵本や物語などに親しみ、言葉に対する感覚を豊かにし、先生や友達と心を通わせる。

2 内容
(1) 先生や友達の言葉や話に興味や関心をもち、親しみをもって聞いたり、話したりする。
(2) したり、見たり、聞いたり、感じたり、考えたりなどしたことを自分なりに言葉で表現する。
(3) したいこと、してほしいことを言葉で表現したり、分からないことを尋ねたりする。
(4) 人の話を注意して聞き、相手に分かるように話す。
(5) 生活の中で必要な言葉が分かり、使う。
(6) 親しみをもって日常の挨拶をする。
(7) 生活の中で言葉の楽しさや美しさに気付く。
(8) いろいろな体験を通じてイメージや言葉を豊かにする。
(9) 絵本や物語などに親しみ、興味をもって聞き、想像をする楽しさを味わう。
(10) 日常生活の中で、文字などで伝える楽しさを味わう。

3 内容の取扱い
上記の取扱いに当たっては、次の事項に留意する必要がある。
(1) 言葉は、身近な人に親しみをもって接し、自分の感情や意志などを伝え、それに相手が応答し、その言葉を聞くことを通して次第に獲得されていくものであることを考慮して、幼児が教師や他の幼児と関わることにより心を動かされるような体験をし、言葉を交わす喜びを味わえるようにすること。
(2) 幼児が自分の思いを言葉で伝えるとともに、教師や他の幼児などの話を興味をもって注意して聞くことを通して次第に話を理解するようになっていき、言葉に

よる伝え合いができるようにすること。
(3) 絵本や物語などで、その内容と自分の経験とを結び付けたり、想像を巡らせたりするなど、楽しみを十分に味わうことによって、次第に豊かなイメージをもち、言葉に対する感覚が養われるようにすること。
(4) 幼児が生活の中で、言葉の響きやリズム、新しい言葉や表現などに触れ、これらを使う楽しさを味わえるようにすること。その際、絵本や物語に親しんだり、言葉遊びなどをしたりすることを通して、言葉が豊かになるようにすること。
(5) 幼児が日常生活の中で、文字などを使いながら思ったことや考えたことを伝え喜びや楽しさを味わい、文字に対する興味や関心をもつようにすること。

表現

〔感じたことや考えたことを自分なりに表現することを通して、豊かな感性や表現する力を養い、創造性を豊かにする。〕

1 ねらい
(1) いろいろなものの美しさなどに対する豊かな感性をもつ。
(2) 感じたことや考えたことを自分なりに表現して楽しむ。
(3) 生活の中でイメージを豊かにし、様々な表現を楽しむ。

2 内容
(1) 生活の中で様々な音、形、色、手触り、動きなどに気付いたり、感じたりするなどして楽しむ。
(2) 生活の中で美しいものや心を動かす出来事に触れ、イメージを豊かにする。
(3) 様々な出来事の中で、感動したことを伝え合う楽しさを味わう。
(4) 感じたこと、考えたことなどを音や動きなどで表現したり、自由にかいたり、つくったりなどする。
(5) いろいろな素材に親しみ、工夫して遊ぶ。
(6) 音楽に親しみ、歌を歌ったり、簡単なリズム楽器を使ったりなどする楽しさを味わう。
(7) かいたり、つくったりすることを楽しみ、遊びに使ったり、飾ったりなどする。
(8) 自分のイメージを動きや言葉などで表現したり、演じて遊んだりするなどの楽しさを味わう。

3 内容の取扱い

上記の取扱いに当たっては、次の事項に留意する必要がある。
(1) 豊かな感性は、身近な環境と十分に関わる中で美しいもの、優れたもの、心を動かす出来事などに出会い、そこから得た感動を他の幼児や教師と共有し、様々に表現することなどを通して養われるようにすること。その際、風の音や雨の音、身近にある草や花の形や色など自然の中にある音、形、色などに気付くようにすること。
(2) 幼児の自己表現は素朴な形で行われることが多いので、教師はそのような表現を受容し、幼児自身の表現しようとする意欲を受け止めて、幼児が生活の中で幼児らしい様々な表現を楽しむことができるようにすること。
(3) 生活経験や発達に応じ、自ら様々な表現を楽しみ、表現する意欲を十分に発揮させることができるように、遊具や用具などを整えたり、様々な素材や表現の仕方に親しんだり、他の幼児の表現に触れられるよう配慮したりし、表現する過程を大切にして自己表現を楽しめるように工夫すること。

◎保育所保育指針——抜粋
（平成29年　厚生労働省 告示）

第2章　ねらい及び内容

1　乳児保育に関わるねらい及び内容

(1)　基本的事項

ア　乳児期の発達については、視覚、聴覚などの感覚や、座る、はう、歩くなどの運動機能が著しく発達し、特定の大人との応答的な関わりを通じて、情緒的な絆が形成されるといった特徴がある。これらの発達の特徴を踏まえて、乳児保育は、愛情豊かに、応答的に行われることが特に必要である。

イ　本項においては、この時期の発達の特徴を踏まえ、乳児保育の「ねらい」及び「内容」については、身体的発達に関する視点「健やかに伸び伸びと育つ」、社会的発達に関する視点「身近な人と気持ちが通じ合う」及び精神的発達に関する視点「身近なものと関わり感性が育つ」としてまとめ、示している。

ウ　本項の各視点において示す保育の内容は、第1章の2に示された養護における「生命の保持」及び「情緒の安定」に関わる保育の内容と、一体となって展開されるものであることに留意が必要である。

(2)　ねらい及び内容

ア　健やかに伸び伸びと育つ

　健康な心と体を育て、自ら健康で安全な生活をつくり出す力の基盤を培う。

（ア）ねらい

① 身体感覚が育ち、快適な環境に心地よさを感じる。

② 伸び伸びと体を動かし、はう、歩くなどの運動をしようとする。

③ 食事、睡眠等の生活のリズムの感覚が芽生える。

（イ）内容

① 保育士等の愛情豊かな受容の下で、生理的・心理的欲求を満たし、心地よく生活をする。

② 一人一人の発育に応じて、はう、立つ、歩くなど、十分に体を動かす。

③ 個人差に応じて授乳を行い、離乳を進めていく中で、様々な食品に少しずつ慣れ、食べることを楽しむ。

④ 一人一人の生活のリズムに応じて、安全な環境の下で十分に午睡をする。

⑤ おむつ交換や衣服の着脱などを通じて、清潔になることの心地よさを感じる。

（ウ）内容の取扱い

　上記の取扱いに当たっては、次の事項に留意する必要がある。

① 心と体の健康は、相互に密接な関連があるものであることを踏まえ、温かい触れ合いの中で、心と体の発達を促すこと。特に、寝返り、お座り、はいはい、つかまり立ち、伝い歩きなど、発育に応じて、遊びの中で体を動かす機会を十分に確保し、自ら体を動かそうとする意欲が育つようにすること。

② 健康な心と体を育てるためには望ましい食習慣の形成が重要であることを踏まえ、離乳食が完了期へと徐々に移行する中で、様々な食品に慣れるようにするとともに、和やかな雰囲気の中で食べる喜びや楽しさを味わい、進んで食べようとする気持ちが育つようにすること。なお、食物アレルギーのある子どもへの対応については、嘱託医等の指示や協力の下に適切に

対応すること。
イ　身近な人と気持ちが通じ合う
　受容的・応答的な関わりの下で、何かを伝えようとする意欲や身近な大人との信頼関係を育て、人と関わる力の基盤を培う。
（ア）ねらい
① 安心できる関係の下で、身近な人と共に過ごす喜びを感じる。
② 体の動きや表情、発声等により、保育士等と気持ちを通わせようとする。
③ 身近な人と親しみ、関わりを深め、愛情や信頼感が芽生える。
（イ）内容
① 子どもからの働きかけを踏まえた、応答的な触れ合いや言葉がけによって、欲求が満たされ、安定感をもって過ごす。
② 体の動きや表情、発声や喃語等を優しく受け止めてもらい、保育士等とのやり取りを楽しむ。
③ 生活や遊びの中で、自分の身近な人の存在に気付き、親しみの気持ちを表す。
④ 保育士等による語りかけや歌いかけ、発声や喃語等への応答を通じて、言葉の理解や発語の意欲が育つ。
⑤ 温かく、受容的な関わりを通じて、自分を肯定する気持ちが芽生える。
（ウ）内容の取扱い
　上記の取扱いに当たっては、次の事項に留意する必要がある。
① 保育士等との信頼関係に支えられて生活を確立していくことが人と関わる基盤となることを考慮して、子どもの多様な感情を受け止め、温かく受容的・応答的に関わり、一人一人に応じた適切な援助を行うようにすること。
② 身近な人に親しみをもって接し、自分の感情などを表し、それに相手が応答する

言葉を聞くことを通して、次第に言葉が獲得されていくことを考慮して、楽しい雰囲気の中での保育士等との関わり合いを大切にし、ゆっくりと優しく話しかけるなど、積極的に言葉のやり取りを楽しむことができるようにすること。
ウ　身近なものと関わり感性が育つ
　身近な環境に興味や好奇心をもって関わり、感じたことや考えたことを表現する力の基盤を培う。
（ア）ねらい
① 身の回りのものに親しみ、様々なものに興味や関心をもつ。
② 見る、触れる、探索するなど、身近な環境に自分から関わろうとする。
③ 身体の諸感覚による認識が豊かになり、表情や手足、体の動き等で表現する。
（イ）内容
① 身近な生活用具、玩具や絵本などが用意された中で、身の回りのものに対する興味や好奇心をもつ。
② 生活や遊びの中で様々なものに触れ、音、形、色、手触りなどに気付き、感覚の働きを豊かにする。
③ 保育士等と一緒に様々な色彩や形のものや絵本などを見る。
④ 玩具や身の回りのものを、つまむ、つかむ、たたく、引っ張るなど、手や指を使って遊ぶ。
⑤ 保育士等のあやし遊びに機嫌よく応じたり、歌やリズムに合わせて手足や体を動かして楽しんだりする。
（ウ）内容の取扱い
　上記の取扱いに当たっては、次の事項に留意する必要がある。
① 玩具などは、音質、形、色、大きさなど子どもの発達状態に応じて適切なもの

を選び、その時々の子どもの興味や関心を踏まえるなど、遊びを通して感覚の発達が促されるものとなるように工夫すること。なお、安全な環境の下で、子どもが探索意欲を満たして自由に遊べるよう、身の回りのものについては、常に十分な点検を行うこと。
② 乳児期においては、表情、発声、体の動きなどで、感情を表現することが多いことから、これらの表現しようとする意欲を積極的に受け止めて、子どもが様々な活動を楽しむことを通して表現が豊かになるようにすること。

(3) 保育の実施に関わる配慮事項
ア　乳児は疾病への抵抗力が弱く、心身の機能の未熟さに伴う疾病の発生が多いことから、一人一人の発育及び発達状態や健康状態についての適切な判断に基づく保健的な対応を行うこと。
イ　一人一人の子どもの生育歴の違いに留意しつつ、欲求を適切に満たし、特定の保育士が応答的に関わるように努めること。
ウ　乳児保育に関わる職員間の連携や嘱託医との連携を図り、第３章に示す事項を踏まえ、適切に対応すること。栄養士及び看護師等が配置されている場合は、その専門性を生かした対応を図ること。
エ　保護者との信頼関係を築きながら保育を進めるとともに、保護者からの相談に応じ、保護者への支援に努めていくこと。
オ　担当の保育士が替わる場合には、子どものそれまでの生育歴や発達過程に留意し、職員間で協力して対応すること。

2　1歳以上3歳未満児の保育に関わるねらい及び内容

(1) 基本的事項
ア　この時期においては、歩き始めから、歩く、走る、跳ぶなどへと、基本的な運動機能が次第に発達し、排泄(せつ)の自立のための身体的機能も整うようになる。つまむ、めくるなどの指先の機能も発達し、食事、衣類の着脱なども、保育士等の援助の下で自分で行うようになる。発声も明瞭になり、語彙も増加し、自分の意思や欲求を言葉で表出できるようになる。このように自分でできることが増えてくる時期であることから、保育士等は、子どもの生活の安定を図りながら、自分でしようとする気持ちを尊重し、温かく見守るとともに、愛情豊かに、応答的に関わることが必要である。
イ　本項においては、この時期の発達の特徴を踏まえ、保育の「ねらい」及び「内容」について、心身の健康に関する領域「健康」、人との関わりに関する領域「人間関係」、身近な環境との関わりに関する領域「環境」、言葉の獲得に関する領域「言葉」及び感性と表現に関する領域「表現」としてまとめ、示している。
ウ　本項の各領域において示す保育の内容は、第１章の２に示された養護における「生命の保持」及び「情緒の安定」に関わる保育の内容と、一体となって展開されるものであることに留意が必要である。

(2) ねらい及び内容
ア　健康
　健康な心と体を育て、自ら健康で安全な生活をつくり出す力を養う。

（ア）ねらい
① 明るく伸び伸びと生活し、自分から体を動かすことを楽しむ。
② 自分の体を十分に動かし、様々な動きをしようとする。
③ 健康、安全な生活に必要な習慣に気付き、自分でしてみようとする気持ちが育つ。
（イ）内容
① 保育士等の愛情豊かな受容の下で、安定感をもって生活をする。
② 食事や午睡、遊びと休息など、保育所における生活のリズムが形成される。
③ 走る、跳ぶ、登る、押す、引っ張るなど全身を使う遊びを楽しむ。
④ 様々な食品や調理形態に慣れ、ゆったりとした雰囲気の中で食事や間食を楽しむ。
⑤ 身の回りを清潔に保つ心地よさを感じ、その習慣が少しずつ身に付く。
⑥ 保育士等の助けを借りながら、衣類の着脱を自分でしようとする。
⑦ 便器での排泄に慣れ、自分で排泄ができるようになる。
（ウ）内容の取扱い
　上記の取扱いに当たっては、次の事項に留意する必要がある。
① 心と体の健康は、相互に密接な関連があるものであることを踏まえ、子どもの気持ちに配慮した温かい触れ合いの中で、心と体の発達を促すこと。特に、一人一人の発育に応じて、体を動かす機会を十分に確保し、自ら体を動かそうとする意欲が育つようにすること。
② 健康な心と体を育てるためには望ましい食習慣の形成が重要であることを踏まえ、ゆったりとした雰囲気の中で食べる喜びや楽しさを味わい、進んで食べようとする気持ちが育つようにすること。なお、食物アレルギーのある子どもへの対応については、嘱託医等の指示や協力の下に適切に対応すること。
③ 排泄の習慣については、一人一人の排尿間隔等を踏まえ、おむつが汚れていないときに便器に座らせるなどにより、少しずつ慣れさせるようにすること。
④ 食事、排泄、睡眠、衣類の着脱、身の回りを清潔にすることなど、生活に必要な基本的な習慣については、一人一人の状態に応じ、落ち着いた雰囲気の中で行うようにし、子どもが自分でしようとする気持ちを尊重すること。また、基本的な生活習慣の形成に当たっては、家庭での生活経験に配慮し、家庭との適切な連携の下で行うようにすること。

イ　人間関係
　他の人々と親しみ、支え合って生活するために、自立心を育て、人と関わる力を養う。
（ア）ねらい
① 保育所での生活を楽しみ、身近な人と関わる心地よさを感じる。
② 周囲の子ども等への興味や関心が高まり、関わりをもとうとする。
③ 保育所の生活の仕方に慣れ、きまりの大切さに気付く。
（イ）内容
① 保育士等や周囲の子ども等との安定した関係の中で、共に過ごす心地よさを感じる。
② 保育士等の受容的・応答的な関わりの中で、欲求を適切に満たし、安定感をもって過ごす。
③ 身の回りに様々な人がいることに気付き、徐々に他の子どもと関わりをもって遊ぶ。
④ 保育士等の仲立ちにより、他の子どもとの関わり方を少しずつ身につける。

⑤ 保育所の生活の仕方に慣れ、きまりがあることや、その大切さに気付く。
⑥ 生活や遊びの中で、年長児や保育士等の真似をしたり、ごっこ遊びを楽しんだりする。
(ウ) 内容の取扱い
　上記の取扱いに当たっては、次の事項に留意する必要がある。
① 保育士等との信頼関係に支えられて生活を確立するとともに、自分で何かをしようとする気持ちが旺盛になる時期であることに鑑み、そのような子どもの気持ちを尊重し、温かく見守るとともに、愛情豊かに、応答的に関わり、適切な援助を行うようにすること。
② 思い通りにいかない場合等の子どもの不安定な感情の表出については、保育士等が受容的に受け止めるとともに、そうした気持ちから立ち直る経験や感情をコントロールすることへの気付き等につなげていけるように援助すること。
③ この時期は自己と他者との違いの認識がまだ十分ではないことから、子どもの自我の育ちを見守るとともに、保育士等が仲立ちとなって、自分の気持ちを相手に伝えることや相手の気持ちに気付くことの大切さなど、友達の気持ちや友達との関わり方を丁寧に伝えていくこと。

ウ　環境
　周囲の様々な環境に好奇心や探究心をもって関わり、それらを生活に取り入れていこうとする力を養う。
(ア) ねらい
① 身近な環境に親しみ、触れ合う中で、様々なものに興味や関心をもつ。
② 様々なものに関わる中で、発見を楽しんだり、考えたりしようとする。
③ 見る、聞く、触るなどの経験を通して、感覚の働きを豊かにする。
(イ) 内容
① 安全で活動しやすい環境での探索活動等を通して、見る、聞く、触れる、嗅ぐ、味わうなどの感覚の働きを豊かにする。
② 玩具、絵本、遊具などに興味をもち、それらを使った遊びを楽しむ。
③ 身の回りの物に触れる中で、形、色、大きさ、量などの物の性質や仕組みに気付く。
④ 自分の物と人の物の区別や、場所的感覚など、環境を捉える感覚が育つ。
⑤ 身近な生き物に気付き、親しみをもつ。
⑥ 近隣の生活や季節の行事などに興味や関心をもつ。
(ウ) 内容の取扱い
　上記の取扱いに当たっては、次の事項に留意する必要がある。
① 玩具などは、音質、形、色、大きさなど子どもの発達状態に応じて適切なものを選び、遊びを通して感覚の発達が促されるように工夫すること。
② 身近な生き物との関わりについては、子どもが命を感じ、生命の尊さに気付く経験へとつながるものであることから、そうした気付きを促すような関わりとなるようにすること。
③ 地域の生活や季節の行事などに触れる際には、社会とのつながりや地域社会の文化への気付きにつながるものとなることが望ましいこと。その際、保育所内外の行事や地域の人々との触れ合いなどを通して行うこと等も考慮すること。

エ　言葉
　経験したことや考えたことなどを自分なりの言葉で表現し、相手の話す言葉を聞

こうとする意欲や態度を育て、言葉に対する感覚や言葉で表現する力を養う。
（ア）ねらい
① 言葉遊びや言葉で表現する楽しさを感じる。
② 人の言葉や話などを聞き、自分でも思ったことを伝えようとする。
③ 絵本や物語等に親しむとともに、言葉のやり取りを通じて身近な人と気持ちを通わせる。
（イ）内容
① 保育士等の応答的な関わりや話しかけにより、自ら言葉を使おうとする。
② 生活に必要な簡単な言葉に気付き、聞き分ける。
③ 親しみをもって日常の挨拶に応じる。
④ 絵本や紙芝居を楽しみ、簡単な言葉を繰り返したり、模倣をしたりして遊ぶ。
⑤ 保育士等とごっこ遊びをする中で、言葉のやり取りを楽しむ。
⑥ 保育士等を仲立ちとして、生活や遊びの中で友達との言葉のやり取りを楽しむ。
⑦ 保育士等や友達の言葉や話に興味や関心をもって、聞いたり、話したりする。
（ウ）内容の取扱い
　上記の取扱いに当たっては、次の事項に留意する必要がある。
① 身近な人に親しみをもって接し、自分の感情などを伝え、それに相手が応答し、その言葉を聞くことを通して、次第に言葉が獲得されていくものであることを考慮して、楽しい雰囲気の中で保育士等との言葉のやり取りができるようにすること。
② 子どもが自分の思いを言葉で伝えるとともに、他の子どもの話などを聞くことを通して、次第に話を理解し、言葉による伝え合いができるようになるよう、気持ちや経験等の言語化を行うことを援助す

るなど、子ども同士の関わりの仲立ちを行うようにすること。
③ この時期は、片言から、二語文、ごっこ遊びでのやり取りができる程度へと、大きく言葉の習得が進む時期であることから、それぞれの子どもの発達の状況に応じて、遊びや関わりの工夫など、保育の内容を適切に展開することが必要であること。

オ　表現
　感じたことや考えたことを自分なりに表現することを通して、豊かな感性や表現する力を養い、創造性を豊かにする。
（ア）ねらい
① 身体の諸感覚の経験を豊かにし、様々な感覚を味わう。
② 感じたことや考えたことなどを自分なりに表現しようとする。
③ 生活や遊びの様々な体験を通して、イメージや感性が豊かになる。
（イ）内容
① 水、砂、土、紙、粘土など様々な素材に触れて楽しむ。
② 音楽、リズムやそれに合わせた体の動きを楽しむ。
③ 生活の中で様々な音、形、色、手触り、動き、味、香りなどに気付いたり、感じたりして楽しむ。
④ 歌を歌ったり、簡単な手遊びや全身を使う遊びを楽しんだりする。
⑤ 保育士等からの話や、生活や遊びの中での出来事を通して、イメージを豊かにする。
⑥ 生活や遊びの中で、興味のあることや経験したことなどを自分なりに表現する。
（ウ）内容の取扱い
　上記の取扱いに当たっては、次の事項に留意する必要がある。

① 子どもの表現は、遊びや生活の様々な場面で表出されているものであることから、それらを積極的に受け止め、様々な表現の仕方や感性を豊かにする経験となるようにすること。
② 子どもが試行錯誤しながら様々な表現を楽しむことや、自分の力でやり遂げる充実感などに気付くよう、温かく見守るとともに、適切に援助を行うようにすること。
③ 様々な感情の表現等を通じて、子どもが自分の感情や気持ちに気付くようになる時期であることに鑑み、受容的な関わりの中で自信をもって表現をすることや、諦めずに続けた後の達成感等を感じられるような経験が蓄積されるようにすること。
④ 身近な自然や身の回りの事物に関わる中で、発見や心が動く経験が得られるよう、諸感覚を働かせることを楽しむ遊びや素材を用意するなど保育の環境を整えること。

(3) 保育の実施に関わる配慮事項

ア 特に感染症にかかりやすい時期であるので、体の状態、機嫌、食欲などの日常の状態の観察を十分に行うとともに、適切な判断に基づく保健的な対応を心がけること。

イ 探索活動が十分できるように、事故防止に努めながら活動しやすい環境を整え、全身を使う遊びなど様々な遊びを取り入れること。

ウ 自我が形成され、子どもが自分の感情や気持ちに気付くようになる重要な時期であることに鑑み、情緒の安定を図りながら、子どもの自発的な活動を尊重するとともに促していくこと。

エ 担当の保育士が替わる場合には、子どものそれまでの経験や発達過程に留意し、職員間で協力して対応すること。

【監修者紹介】

谷田貝公昭（やたがい・まさあき）
　目白大学名誉教授
［主な著書］『しつけ事典』（監修、一藝社、2013年）、『新版・保育用語辞典』（編集代表、一藝社、2016年）、『実践・保育内容シリーズ［全6巻］』（監修、一藝社、2014〜2015年）、『絵でわかるこどものせいかつずかん［全4巻］』（監修、合同出版、2012年）ほか多数

石橋哲成　（いしばし・てつなり）
　玉川大学名誉教授、田園調布学園大学大学院教授
［主な著書］『ペスタロッチー・フレーベル事典』（共編著、玉川大学出版部、2006年）、『ペスタロッチー・フレーベルと日本の近代教育』（共著、玉川大学出版部、2009年）、『新版・保育用語辞典』（共編著、一藝社、2016年）ほか多数

【編著者紹介】

谷田貝公昭（やたがい・まさあき）
　〈監修者紹介参照〉

大沢　裕　（おおさわ・ひろし）
　松蔭大学コミュニケーション文化学部教授
［主な著書］『幼児理解』（単編・共著、一藝社、2017年）、『保育者養成シリーズ・教育原理』（単編・共著、一藝社、2012年）、『幼稚園と小学校の教育－初等教育の原理』（共著、東信堂、2011年）、『ペスタロッチー・フレーベル事典』（共著、玉川大学出版部、2006年）ほか多数

【執筆者紹介】（五十音順）

五十嵐紗織（いがらし・さおり）　　［第2章］
　　信州豊南短期大学助教

大沢 裕（おおさわ・ひろし）　　　［第15章］
　　〈編著者紹介参照〉

岡本弘子（おかもと・ひろこ）　　　［第5章］
　　近畿大学九州短期大学講師

木下孝一（きのした・こういち）　　［第4章］
　　南海福祉専門学校専任講師

嶋田貞子（しまだ・さだこ）　　　　［第13章］
　　秋草学園短期大学講師

鈴木健史（すずき・けんじ）　　　　［第3章］
　　東京立正短期大学専任講師

田中卓也（たなか・たくや）　　　　［第12章］
　　共栄大学教育学部准教授

隣谷正範（となりや・まさのり）　　［第6章］
　　飯田女子短期大学准教授

野川智子（のがわ・ともこ）　　　　［第10章］
　　NPO法人子どもの生活科学研究会理事・事務局長

野末晃秀（のずえ・あきひで）　　　［第11章］
　　松蔭大学コミュニケーション文化学部非常勤講師

長谷秀揮（はせ・ひでき）　　　　［第7章］
　　四條畷学園短期大学准教授

谷田貝公昭（やたがい・まさあき）　［第1章］
　　〈監修者紹介参照〉

八幡眞由美（やはた・まゆみ）　　　［第8章］
　　新島学園短期大学准教授

山田徹志（やまだ・てつじ）　　　　［第14章］
　　玉川大学脳科学研究所研究員

吉田美恵子（よしだ・みえこ）　　　［第9章］
　　長崎短期大学准教授

装丁（デザイン）齋藤視倭子
　　（イラスト）宮林道夫
図表作成　　　蛮ハウス

コンパクト版保育者養成シリーズ
新版 保育実習

2018年3月25日　初版第1刷発行

監修者　谷田貝 公昭・石橋 哲成
編著者　谷田貝 公昭・大沢 裕
発行者　菊池公男

発行所　株式会社 一藝社
〒160-0014 東京都新宿区内藤町1-6
Tel. 03-5312-8890　Fax. 03-5312-8895
E-mail : info@ichigeisha.co.jp
HP : http://www.ichigeisha.co.jp
振替　東京 00180-5-350802
印刷・製本　シナノ書籍印刷株式会社

©Masaaki Yatagai, Tetsunari Ishibashi 2018 Printed in Japan ISBN 978-4-86359-142-4 C3037
乱丁・落丁本はお取り替えいたします